岁月留痕 2

SUIYUE LIUHEN

主编 林楚涛

亲爱的同学，当你打开这本书时，你就开启了一段惬意的旅程。从相遇、相知，到相伴前行，淡淡的书香将一直萦绕在你身边。

在初中语文教材里，你会读到许多名篇佳作，你将会沉浸在充满智慧、有温度的文字世界中，语文素养自然会得到提升。面对神秘奇幻的自然、日新月异的世界、渐趋丰盈的人生，每册教材中的二十几篇课文，恐怕很难再满足你的阅读需求，你的阅读理应更广泛、更自由、更专业。如何让课内外读物有机融合成滋养你成长的沃土？如何让点滴的阅读收获汇聚成助推你遨游书海的动力？我们汇聚全国各地的名师，在研读教材的基础上精选文章，设计帮你实现高效阅读、自主学习的平台和支架……

于是，便有了摆在你面前的这本书。

这本书分为经典诵读、单元学习、整本书阅读三个板块。

第一个板块是“经典诵读”，所选古诗词历久弥新。针对诗词中可能会给你造成阅读障碍的生字难词，我们加注了读音和注释，且辅以专业诵读音频供你赏听以及鉴赏资料供你查阅。希望你能利用每天的晨读或其他课余时间反复诵读，持之以恒，假以时日，定能厚积薄发。

第二个板块是“单元学习”，我们精心挑选了一组与课文主题相关的文章，组合成一个阅读单元，让你在学习课文的基础上拓展阅读更多佳作；针对教材中的每个写作主题，我们也选取了相应的文章（含片段）组成单元，为你的写作指引方向或触发灵感。其中“范文阅读”“组文阅读”“自由阅读”和“类文阅读”四个小标签可提示你采用不同的方式进行阅读。选文之外还附有单元导语、旁批、学习提示、单元学习任务等助读工具，为你的自主阅读提供助力。

带有“范文阅读”标签的文章最贴近教读课文的学习要点，你可以在学过教读课文后，参看这些范文中的旁批和文后的学习提示进行阅读，习得课内所学。

带有“组文阅读”标签的文章都与教读课文主题相关，帮助你在多篇文章的比较阅读中拓宽视野、发展思维、形成能力。阅读时，你可以参看文后的单元学习任务，运用阅读所得解决实际问题，提升语言文字的实际运用能力。

带有“自由阅读”标签的文章与自读课文相关联，你可以根据自己的需要、兴趣自主选择阅读，多读、少读、深读、浅读皆可，如能养成边读边做批注的习惯，你会邂逅更多精彩与惊喜。

带有“类文阅读”标签的是一组与单元写作要求相匹配的文章。这组文章的首篇附有旁批，配合单元写作重点为你的写作实践提供技巧点拨。

第三个板块是“整本书阅读”，推荐书目多为《义务教育语文课程标准（2011版）》中建议初中生阅读的名著。我们设计了“阅读导航”“精彩选篇”“阅读规划”“交流平台”等助读工具，若能激发你的阅读兴趣，为你提供科学的方法指导，助你养成主动阅读整本书的习惯，我们将由衷地感到欣慰。

愿这本书能陪伴着你在阅读的黄金时期，与经典交流，与大师对话，帮助你积累知识，开阔视野，丰富心灵，培育精神，做睿智、优雅的人！

顾之川

经典诵读

第一单元　师恩难忘

范文阅读

组文阅读

第二单元　母爱似海

范文阅读

组文阅读

第三单元　大师风采

自由阅读

第四单元　科技之星

自由阅读

第五单元　学写传记

类文阅读

整本书阅读

在经典中浸润，在诗海中徜徉，让心灵开始一次雅韵悠长的旅程。从《诗经》到宋词，从田园到边塞，从婉约到豪放，从现实主义到浪漫主义……那些作品，或率真质朴，或清幽缠绵，或慷慨刚健，或隽永蕴藉，寄托了中华儿女的家国情怀，传承着博大精深的中华文明。

有了诗词的濡染，我们的学习自当渐入佳境；有了经典的浸润，我们的生活定会异彩纷呈。

扫码收听朗诵音频

1. 鹤 鸣

⊙《诗经·小雅》

鹤鸣于九皋[①]，声闻于野。鱼潜在渊[②]，或在于渚[③]。乐彼之园，爰[④]有树檀[⑤]，其下维萚[⑥]。它山之石，可以为错[⑦]。

鹤鸣于九皋，声闻于天。鱼在于渚，或潜在渊。乐彼之园，爰有树檀，其下维榖[⑧]。它山之石，可以攻[⑨]玉。

---

① 九皋（gāo）：曲折深远的沼泽。皋，沼泽。

② 渊：深水。

③ 渚：水中的小块陆地。

④ 爰（yuán）：发语词。

⑤ 树檀（tán）：檀树。

⑥ 萚（tuò）：草木脱落的皮或叶。

⑦ 错：通“厝”，用以琢磨玉石的硬石工具。

⑧ 榖（gǔ）：一种树名。

⑨ 攻：加工，琢磨。

这是一首意象叠加的诗歌，具有鲜明的象征意味，全诗上下两节均由四组并列的意象组合叠加而成。首先，鹤、鱼、树、石四组意象彼此独立存在，毫不相干，合起来却都指向一个共同的主题：每一个事物都有它的特性，各有存在的理由和存在的价值；人也是这样，各人有各人的才干，都可为国家所用。其次，鹤、鱼、树、石这四组意象都蕴含象外之象，弦外之音，都是借物象喻指人事的。

意象组合产生言外之意

意象是审美感知的物象同主体思想、情感相融合并经概括、加工而形成的意中之象。诗人的妙笔会将多个意象组合成一个有机的完美的整体，形成意象群，这样的意象群往往会产生言外之意。意象叠加可以跨越时空，多重解读，但不是杂乱无章、随意堆放就能产生言外之意。意象叠加须合乎艺术辩证法，做到视听通感，动静结合，正反对比，虚实相生，以小见大。只有这样才能产生巨大的艺术张力，产生言外之意，蕴蓄无比丰富的社会内涵。

扫码收听朗诵音频

2. 佳人歌

⊙〔汉〕李延年

北方有佳人，绝世而独立[①]。
一顾倾[②]人城，再顾倾人国。
宁[③]不知倾城与倾国，佳人难再得！

赏析

这首诗并不像一般描写佳人的诗那样具体刻画佳人的形貌，而是着眼于他人对佳人容貌的评价。诗的开头两句中用“绝世而独立”把佳人的超群出众展现了出来。中间两句，被广为传诵。女子的美主要集中在前额和眼睛上，但诗人没写佳人的眉目之美，却写出佳人眼波流转顾盼生辉的直接效果——倾城倾国，令人惊艳！倾城倾国，遂成佳人的绝妙写照。此诗的语言十分通俗，以五言为基础，只是第五句加“宁不知”三个字，类似后来词曲中的衬字，富有节奏感，风韵古朴。

① 独立：超群出众。
② 倾：倾倒。
③ 宁（nìng）：岂。

扫码收听朗诵音频

3. 忆秦娥

⊙〔唐〕李白

箫声咽[①]，秦娥梦断[②]秦楼月。秦楼月，年年柳色，灞陵[③]伤别。

乐游原[④]上清秋节，咸阳[⑤]古道音尘绝[⑥]。音尘绝，西风残照，汉家陵阙[⑦]。

---

① 咽：呜咽，形容箫管吹出的曲调低沉而悲凉，呜呜咽咽，如泣如诉。

② 梦断：梦醒，指被凄咽的箫声所惊醒。

③ 灞陵：汉文帝陵墓，又作“霸陵”，在今陕西省西安市东。附近有灞桥（一作“霸桥”），唐人常在此折柳送别。

④ 乐游原：在长安城南，唐时为游览胜地。

⑤ 咸阳：今陕西省咸阳市，为秦代都城所在地。汉唐时，从京城往西北从军或经商，咸阳为必经之地。

⑥ 音尘绝：音信断绝。

⑦ 阙：陵墓前的牌楼。

这首词一直受到后人的推崇，那么它到底出色在哪儿呢？“箫声咽，秦娥梦断秦楼月。”全篇以一个传说开头，引发了读者对秦地的一种历史联想，隐隐地带出了一丝惆怅和伤感的情绪。“秦楼月，年年柳色，灞陵伤别。”接下来通过“秦楼月”三个字的重复，把秦与汉连接到了一起，由传说到名胜古道，空间和时间上有了一个很大的跨度，更加激发了人们对历史上辉煌时代的怀想。“乐游原上清秋节，咸阳古道音尘绝。”诗人登高凭吊，当年繁华的秦帝国都城咸阳，早已经历千年沧桑，大道上也不再有车马的喧闹。“音尘绝，西风残照，汉家陵阙。”强大的秦帝国不在了，强盛的汉朝又在哪里呢？只有夕阳下的汉家陵墓，似乎还在诉说着往日的故事。整首词，现实与历史互为交织，时间和空间悠远广漠，联想与印象水乳交融，营造出一种悲壮的气象，抒发了作者凄怆的情绪，尤其是最末二句，正如王国维所评价的：“寥寥八字，遂关千古登临之口。”

扫码收听朗诵音频

4. 官仓[①]鼠

⊙〔唐〕曹邺

官仓老鼠大如斗[②]，见人开仓亦不走。
健儿[③]无粮百姓饥，谁遣[④]朝朝[⑤]入君口？

赏析

诗的前两句略带夸张地勾画出官仓鼠不同凡鼠的特征和习性，突出官仓鼠不仅“大”——“大如斗”，而且“勇”——“见人开仓亦不走”。官仓鼠何以如此非同一般呢？这一点诗人并未多说，但读者稍加思索，也就不难明白：“大”，是饱食积粟的结果；“勇”，是因为无人去整治它们，所以见人而不逃走。第三句突然由“鼠”写到“人”。官仓里的老鼠被养得又肥又大，前方守卫边疆的将士和后方终年劳苦的百姓却仍然在挨饿！诗人以强烈的对比，一下子就把一个令人触目惊心的矛盾展现在读者面前。面对这样一个人不如鼠的社会现实，第四句的质问就脱口而出了：是谁把官仓里的粮食日复一日地供奉到老鼠嘴里去的呢？

至此，诗的隐喻已经很清楚了。官仓鼠是比喻那些只知道吮吸人民血汗的贪官污吏，而这些两条腿的“大老鼠”所吞掉的，当然不仅仅是粮食，还有从人民那里搜刮来的民脂民膏。尤其使人愤慨的是，官仓鼠做了这么多的坏事，竟然可以有恃无恐，谁又是它们的后台呢？诗人故执一问，“谁”字耐人寻味，有意识地引导读者去探索造成这一不合理现象的根源，把矛头指向了最高统治者，主题十分鲜明。

---

① 官仓：官府的粮仓。
② 斗（dǒu）：古代容量单位，十升为一斗。
③ 健儿：前方守卫边疆的将士。
④ 谁遣：谁让。
⑤ 朝朝（zhāo zhāo）：天天。

扫码收听朗诵音频

5. 苏幕遮

⊙〔宋〕周邦彦

燎沉香[①]，消溽暑[②]。鸟雀呼晴，侵晓[③]窥檐语。叶上初阳干宿雨[④]，水面清圆[⑤]，一一风荷举[⑥]。

故乡遥，何日去？家住吴门[⑦]，久作长安[⑧]旅。五月渔郎[⑨]相忆否？小楫轻舟，梦入芙蓉浦[⑩]。

---

① 燎（liáo）沉香：燃烧沉香。燎，燃烧。沉香，一种名贵的香料，置水中则下沉，故又名沉水香。

② 溽（rù）暑：盛夏潮湿闷热的天气。

③ 侵晓：天刚亮的时候。

④ 宿雨：昨夜下的雨。

⑤ 清圆：形容荷叶的颜色清润，外形圆巧可爱。

⑥ 一一风荷举：荷叶在晨风中一张张地高挺着。

⑦ 吴门：苏州的别称。苏州是古代吴国的都城，有吴门、吴中等名称。这里指作者故乡钱塘。

⑧ 长安：这里借指北宋的都城汴京（今河南开封）。

⑨ 渔郎：指故乡的渔夫。

⑩ 芙蓉浦：荷花塘。芙蓉，指荷花。

周邦彦的词以“富艳精工”著称。此词上片描绘夜雨之后风荷的神态，美丽多姿；下片以“小楫轻舟”的旧梦作结，清新淡雅，别具一格。而全词的动人之处，全在“叶上初阳干宿雨，水面清圆，一一风荷举”三句。作者只用寥寥几笔，就描绘出了活泼清远的意境，“举”字更是鲜明生动地刻画出荷花的动态。王国维在《人间词话》中赞扬“此真能得荷之神理者”，是一点也不错的。

王国维评周邦彦及词作

【原文】

美成深远之致不及欧、秦。唯言情体物，穷极工巧，故不失为第一流之作者。但恨创调之才多，创意之才少耳。

（《人间词话》）

【译文】

周邦彦的词在意趣高远方面比不上欧阳修和秦观。但是他在表达情感、摹写外态上极为工巧，所以也还算得上一流作者。只可惜他具有高超的艺术表现技巧，却缺乏创造深厚意境的才能。

扫码收听朗诵音频

6. 钗头凤

⊙〔宋〕陆游

红酥手[①]，黄縢酒[②]。满城春色宫墙柳[③]。东风恶，欢情薄。一怀愁绪，几年离索[④]。错，错，错！

春如旧，人空瘦。泪痕红浥[⑤]鲛绡[⑥]透。桃花落，闲池阁。山盟虽在，锦书难托。莫，莫，莫！

---

① 红酥手：红润白嫩的手。

② 黄縢（téng）酒：指黄封酒，为当时官酒。

③ 宫墙柳：指绍兴城墙。绍兴原是古代越国的都城，宋高宗时亦曾一度以此为行宫，故有“宫墙”之称。

④ 离索：离群索居的简称。

⑤ 浥（yì）：湿润。

⑥ 鲛绡：神话传说中鲛人所织的丝绢，后世用为手帕的别称。

这首词写的是陆游自己的爱情悲剧。

陆游早年与表妹唐琬喜结连理，本为人间美事，遗憾的是陆游的母亲对这位有才华的儿媳总是看不顺眼，硬是逼着陆游把她休了。唐琬后来改嫁同郡人赵士程，在一次春游时，恰巧与陆游相遇于沈园。唐琬征得丈夫同意之后，派人给陆游送去了酒肴。陆游感念旧情，怅恨不已，写了这首著名的《钗头凤》以致意。

全词始终围绕沈园这个特定的空间来安排笔墨：上片由追昔到抚今，而以“东风恶”来转折；下片回到现实，以“春如旧”与上片“满城春色”句呼应，以“桃花落，闲池阁”与上片“东风恶”句照应，把同一空间、不同时间的情事和场景历历如绘地展现了出来。全词多用对比手法，如下片，越是把往昔夫妻共同生活时的美好情景写得逼真如现，就越使得他们被迫离异之后的凄楚心境深切可感，也就越显出“东风”的无情和可憎，从而形成强烈的感情对比。再如上片写“红酥手”，下片写“人空瘦”，在鲜明的形象对比中，充分地展示出“几年离索”给唐琬带来的巨大的精神折磨和痛苦。全词节奏急促，声情凄婉，再加上“错，错，错”和“莫，莫，莫”先后两次感叹，荡气回肠，大有痛不忍言、痛不能言的情致。总之，这首词达到了内容和形式的完美统一，是一首感人至深、催人泪下的词作。

扫码收听朗诵音频

7. 钗头凤

⊙〔宋〕唐琬

世情薄[①]，人情恶，雨送黄昏花易落。晓风干，泪痕残。欲笺心事[②]，独语斜阑[③]。难，难，难！

人成各[④]，今非昨。病魂[⑤]常似秋千索[⑥]。角声[⑦]寒，夜阑珊[⑧]。怕人寻问，咽泪装欢。瞒，瞒，瞒！

---

① 世情薄：世态炎凉，人情冷漠。

② 欲笺心事：想把自己的心事告诉对方。笺，本义指信纸，这里作动词用，写信。

③ 独语斜阑：独倚栏杆，自言自语。

④ 人成各：人已落到天各一方的地步。

⑤ 病魂：指痛苦的心灵。

⑥ 秋千索：秋千架上飘荡的绳索。

⑦ 角声：号角之声。

⑧ 阑珊：将尽。

陆游在沈园题下那首《钗头凤》后，唐琬见了，便以此词相和。比较而言，陆游的词把眼前的景和事融为一体，又灌之以悔恨交加的心情，着力描绘出一幅凄怆酸楚的感情画面。唐琬则不同，她的处境比陆游更悲苦，因此，本词纯属自怨自泣、独言独语的感情倾诉，主要以缠绵执着的感情和悲惨的身世感动古今。两词所采用的艺术手段虽然不同，但都切合各自的性格、遭遇和身份。合而读之，颇有珠联璧合、相映生辉之妙。其中“世情薄，人情恶”两句，痛快淋漓地写出了对于封建礼教支配下的世道人心的愤恨之情，一“薄”一“恶”，准确有力地抨击了封建礼教的害人本质。“难，难，难”三个叠韵，一字千钧，是作者发自肺腑的哭诉，具有很强的艺术感染力。

扫码收听朗诵音频

8. 摸鱼儿

⊙〔宋〕辛弃疾

淳熙己亥①，自湖北漕②移湖南，同官王正之③置酒小山亭，为赋。

更能消④、几番风雨，匆匆春又归去。惜春长怕花开早⑤，何况落红无数。春且住，见说道⑥、天涯芳草无归路⑦。怨春不语，算⑧只有殷勤，画檐⑨蛛网，尽日惹⑩飞絮。

长门⑪事，准拟佳期又误。蛾眉⑫曾有人妒。千金纵买相如赋，脉脉此情谁诉？君莫舞，君不见、玉环飞燕⑬皆尘土！

---

① 淳熙己亥：宋孝宗淳熙六年（1179）。

② 漕（cáo）：漕司的简称，指转运使。

③ 同官王正之：作者调离湖北转运副使后，由王正之接任原来职务，故称“同官”。王正之，名正己，是作者旧交。

④ 消：经得起。

⑤ 长怕花开早：老是忧虑着花开得太早（就会早落）。

⑥ 见说道：听说。

⑦ 天涯芳草无归路：芳草铺到天边，遮断了春天的归路。意思是说春天已尽，不再回来。

⑧ 算：料想。

⑨ 画檐：画有彩饰的屋檐。

⑩ 惹：牵，挂。

⑪ 长门：汉代宫殿名，武帝陈皇后失宠后被幽闭于此。

⑫ 蛾眉：蚕蛾之须状触角弯曲细长，因以喻女子长而美的眉毛，也指女子貌美。

⑬ 玉环飞燕：指唐玄宗的贵妃杨玉环和汉成帝的宠妃赵飞燕，前者被赐死于马嵬坡，后者则被废为平民，自杀而死。

闲愁[1]最苦。休去倚危栏[2]，斜阳正在、烟柳断肠处。

这首词表面写的是失宠女子的苦闷，实际上抒发了作者对国事的忧虑和屡遭排挤打击的沉重心情。上片描写春意阑珊，流露出年华虚度的悲悯意识。“惜春长怕花开早”语义双关，表现了作者理想与现实的矛盾。“落红”既是春天逝去的象征，也寄寓了作者光阴虚掷、事业无成的慨叹。下片以历史人物典故，抒写爱国之情无处倾吐的苦闷。“长门事”五句，以陈阿娇失宠自比，揭示自己忠而见疑、遭人谗毁、壮志难酬的不幸遭遇。“君莫舞”三句以玉环、飞燕比奸佞之人，虽红极一时却终死于非命的悲惨下场，向投降派发出警告。末尾两句以烟柳斜阳的凄迷景象，暗喻南宋朝廷日薄西山、岌岌可危的现实。全词以香草美人起兴，抒发自己的政治怀抱，摧刚为柔，兼具豪放婉约之长。

① 闲愁：指精神上的苦恼。

② 危栏：高楼上的栏杆。

师恩难忘

天涯有尽处，师恩无穷期。在求学生涯中，总有一些老师让我们难以忘怀。本单元文章中所写的老师，有学贯中西的大学者，也有平凡的中小学教员。他们虽性格迥异，但都引领作者精神的成长。阅读这些文章，我们能感受到作者对老师的不同情思：或蕴含感恩之情、景仰之意，或饱含着深深的遗憾与愧悔。

阅读本单元文章，要了解回忆性散文和传记内容真实、事件典型、注重细节描写的特点；在梳理文章主要内容的基础上，关注典型事件与人物品格的内在关联；揣摩细节描写的妙处，感受人物精神风貌和人格魅力，学习刻画人物的方法；品味不同作者的不同风格的语言，提升审美鉴赏能力。

1. 金岳霖先生

⊙汪曾祺

西南联大有许多很有趣的教授，金岳霖先生是其中的一位。金先生是我的老师沈从文先生的好朋友。沈先生当面和背后都称他为“老金”。大概时常来往的熟朋友都这样称呼他。关于金先生的事，有一些是沈先生告诉我的。我在《沈从文先生在西南联大》一文中提到过金先生。有些事情在那篇文章里没有写进，觉得还应该写一写。

揣摩“有趣”一词在文中的含义和作用。

金先生的样子有点怪。他常年戴着一顶呢帽，进教室也不脱下。每一学年开始，给新的一班学生上课，他的第一句话总是：“我的眼睛有毛病，不能摘帽子，并不是对你们不尊重，请原谅。”他的眼睛有什么病，我不知道，只知道怕阳光。因此他的呢帽

写外貌有趣，这是金岳霖先生“有趣”的“表层”。

的前檐压得比较低，脑袋总是微微地仰着。他后来配了一副眼镜，这副眼镜一只的镜片是白的，一只是黑的。这就更怪了。后来在美国讲学期间把眼睛治好了，——好一些，眼镜也换了，但那微微仰着脑袋的姿态一直还没有改变。他身材相当高大，经常穿一件烟草黄色的麂皮夹克，天冷了就在里面围一条很长的驼色的羊绒围巾。联大的教授穿衣服是各色各样的。闻一多先生有一阵穿一件式样过时的灰色旧夹袍，是一个亲戚送给他的，领子很高，袖口极窄。朱自清先生有一阵披着一件云南赶马人穿的蓝色毡子的一口钟。除了体育教员，教授里穿夹克的，好像只有金先生一个人。他的眼神即使是到美国治了后也还是不大好，走起路来有点深一脚浅一脚。他就这样穿着黄夹克，微仰着脑袋，深一脚浅一脚地在联大新校舍的一条土路上走着。

写金岳霖先生的衣着，为什么还写联大教授闻一多先生和朱自清先生的穿着呢？鲁迅的《藤野先生》中也写了一些看似与藤野先生无关的见闻和感受，体会它们的异曲同工之妙。

这句话形神兼备，刻画了金岳霖先生独一无二的形象，语言简洁幽默，极富画面感。

金先生教逻辑。逻辑是西南联大规定文学院一年级学生的必修课，班上学生很多，上课在大教室，坐得满满的。在中学里没有听说有逻辑这门学问，大一的学生对这课很有兴趣。金先生上课有时要提问，那么多的学生，他不能都叫得上名字来，——联大是没有点名册的，他有时一上课就宣布："今天，穿红毛衣的女同学回答问题。"于是所有穿红衣的女同学就都有点紧张，又有点兴奋。那时联大女生在蓝阴丹士林旗袍外面套一件红毛衣成了一种风气。——穿蓝毛衣、黄毛衣的极少。问题回答得流利清楚，也是件出风头的事。金先生很注意地听着，完了，说："Yes！请坐！"

学生也可以提出问题，请金先生解答。学生提的问题深浅不一，金先生有问必答，很耐心。有一个华侨同学叫林国达，操广东普通话，最爱提问题，问题大都奇奇怪怪。他大概觉得逻辑这门学问是挺"玄"的，应该提点怪问题。有一次他又站起来提了一个怪问题，金先生想了一想，说："林国达同学，我问你一个问题：Mr. 林国达 is perpendicular to the blackboard（林国达君垂直于黑板），这什么意思？"林国达傻了。林国达当然无法垂直于黑板，但这句话在逻辑上没有错误。

写教学方式有趣，金岳霖先生以"怪回答"应对"怪问题"，幽默，睿智，令人忍俊不禁。

林国达游泳淹死了。金先生上课，说："林国达死了，很不幸。"这一堂课，金先寥寥十几个字，写出金先生的宅心仁厚，与前文的幽默形成反差，使金先生的形象更丰满动人。

生一直没有笑容。

有一个同学，大概是陈蕴珍，即萧珊，曾问过金先生："您为什么要搞逻辑？"逻辑课的前一半讲三段论，大前提、小前提、结论、周延、不周延、归纳、演绎……还比较有意思。后半部全是符号，简直像高等数学。她的意思是：这种学问多么枯燥！金先生的回答是："我觉得它很好玩。"

除了文学院大一学生必修逻辑，金先生还开了一门"符号逻辑"，是选修课。这门学问对我来说简直是天书。选这门课的人很少，教室里只有几个人。学生里最突出的是王浩。金先生讲着讲着，有时会停下来，问："王浩，你以为如何？"这堂课就成了他们师生二人的对话。王浩现在在美国。前些年写了一篇关于金先生的较长的文章，大概是论金先生之学的，我没有见到。

写王浩的笔墨颇多，这样安排有何用意？

王浩和我是相当熟的。他有个要好的朋友王景鹤，和我同在昆明黄土坡一个中学教书，王浩常来玩。来了，常打篮球。大都是吃了午饭就打。王浩管吃了饭就打球叫"练盲肠"。王浩的相貌颇"土"，脑袋很大，剪了一个光头，——联大同学剪光头的很少，说话带山东口音。他现在成了洋人——美籍华人，国际知名的学者，我实在想象不出他现在是什么样子。前年他回国讲学，托一个同学要我给他画一张画。我给他画了几个青头菌、牛肝菌，一根大葱，两头蒜，还有一块很大的宣威火腿。——火腿是很少人画的。我在画上题了几句话，有一句是“以慰王浩异国乡情”。王浩的学问，原来是师承金先生的。一个人一生哪怕只教出一个好学生，也值得了。当然，金先生的好学生不止一个人。

金先生是研究哲学的，但是他看了很多小说。从普鲁斯特到福尔摩斯，都看。听说他很爱看平江不肖生的《江湖奇侠传》。有几个联大同学住在金鸡巷，陈蕴珍、王树藏、刘北汜、施载宣（萧荻）。楼上有一间小客厅。沈先生有时拉一个熟人去给少数爱好文学、写写东西的同学讲一点什么。金先生有一次也被拉了去。他讲的题目是《小说和哲学》。题目是沈先生给他出的。大家以为金先生一定会讲出一番道理。不料金先生讲了半天，结论却是：小说和哲学没有关

这段话用了哪几种描写方法？选择一两处，说说它们给了你怎样的感受。

系。有人问：那么《红楼梦》呢？金先生说：“《红楼梦》里的哲学不是哲学。”他讲着讲着，忽然停下来：“对不起，我这里有个小动物。”他把右手伸进后脖颈，捉出了一个跳蚤，捏在手指里看看，甚为得意。

写生活有趣，金先生读小说、捉跳蚤、养斗鸡、和孩子比赛——这些小事让我们感受到金先生是一个善良、有趣、童心未泯、热爱生活的人。

金先生是个单身汉（联大教授里不少光棍，杨振声先生曾写过一篇游戏文章《释鳏》，在教授间传阅），无儿无女，但是过得自得其乐。他养了一只很大的斗鸡（云南出斗鸡）。这只斗鸡能把脖子伸上来，和金先生一个桌子吃饭。他到处搜罗大梨、大石榴，拿去和别的教授的孩子比赛。比输了，就把梨或石榴送给他的小朋友，他再去买。

金先生朋友很多，除了哲学家的教授外，时常来往的，据我所知，有梁思成、林徽因夫妇、沈从文、张奚若……君子之交淡如水，坐定之后，清茶一杯，闲话片刻而已。金先生对林徽因的谈吐才华，十分欣赏。现在的年轻人多不知道林徽因。她是学建筑的，但是对文学的趣味极高，精于鉴赏，所写的诗和小说如《窗子以外》《九十九度中》风格清新，一时无二。林徽因死后，有一年，金先生在北京饭店请了一次客，老朋友收到通知，都纳闷：老金为什么请客？到了之后，金先生才宣布："今天是徽因的生日。"

写感情上的"有趣"，金岳霖先生一直欣赏林徽因，在她死后，他用自己特殊的方式纪念她。

金先生治学精深，而著作不多。除了一本大学丛书里的《逻辑》，我所知道的，还有一本《论道》。其余还有什么，我不清楚，须问王浩。

我对金先生所知甚少。希望熟知金先生的人把金先生好好写一写。

联大的许多教授都应该有人好好地写一写。

西南联大有许多像金岳霖先生这样个性张扬、率性自由的知识分子，如闻一多、朱自清等。结尾言有尽而意无穷，引人深思。

（有删节）

学习提示

这篇文章是汪曾祺为怀念他的老师——著名学者金岳霖先生而写的一篇回忆性散文。文章还涉及西南联大的一些人和事，耐人寻味。本文围绕"有趣"二字，通过记叙金岳霖先生的外貌、教学、生活、情感中的一些趣事，塑造了金先生"一肚子学问、为人天真、热爱生活"的大哲学家形象，表现了他独特的人格魅力。

阅读时请思考：作者为刻画金岳霖先生所写的诸多事件有什么共同特点？同为语言大师，汪曾祺先生和鲁迅先生的语言风格有何异同？

2. 晶莹的泪珠

⊙陈忠实

“我”的班主任、校长对“我”申请休学有什么反应？作者在这里看似轻描淡写的叙述，有什么用意吗？

我手里捏着一张休学申请书朝教务处走着。

我要求休学一年。我写了一张要求休学的申请书。我在把书面申请交给班主任的同时，又口头申述了休学的因由，发觉口头申述因为穷而休学的理由比书面申述更加难堪。好在班主任对我口头和书面申述的同一因由表示理解，没有经历太多的询问便在申请书下边空白的地方签写了“同意该生休学一年”的意见，自然也签上了他的名字和时间。他随之让我等一等，就拿着我写的申请书出门去了，回来时那申请书上就增加了校长的一行签字，比班主任的字签得少自然也更简洁，只有“同意”二字，连姓名也简洁到只有一个姓，名字略去了。班主任对我说：“你现在到教务处去办手续，开一张休学证书。”

我敲响了教务处的门板。获准以后便推开了门，一位年轻的女先生正伏在米黄色的办公桌上，手里捉着长杆蘸水笔在一厚本表册上填写着什么，并不抬头。我知道开学报名时教务处最忙，忙就忙在许多要填写的各式表格上。我走到她的办公桌前鞠了一躬，说：“老师，给我开一张休学证书。”然后就把那张签着班主任和校长姓名和他们意见的申请递放到桌子上。

她抬起头来，诧异地瞅了我一眼，拎起我的申请书来看着，长杆蘸水笔还夹在指缝之间。她很快看完了，又专注地把目光留滞在纸页下端班主任签写的一行意见和校长更为简洁的意见上面，似乎两个人连姓名在内的十来个字的意见批示，看去比我大半页的申请书还要费时更多。她终于抬起头来问：

班主任和校长对“我”申请休学的事情表示理解，反应淡然，反倒是这位不知名的女老师对“我”申请休学反应强烈。这不同寻常的关心对当时的“我”来说何其珍贵！

“就是你写的这些理由吗？”

“就是的。”

“不休学不行吗？”

“不行。”

在这几段描写中，你发现了哪些匠心独运的细节？

“亲戚全都帮不上忙吗？”

“亲戚……也都穷。”

“可是……你休学一年，家里的经济状况也不见得能改变，一年后你怎么能保证复学呢？”

于是我就信心十足地告诉她我父亲精确的安排计划：待到明年我哥哥初中毕业，父亲谋划着让他投考师范学校，师范生的学杂费和伙食费全由国家供给，据说还发3块钱零花钱。那时候我就可以复学接着念初中了。我拿父亲的话给她解释，企图消除她对我能否复学的疑虑：“我伯伯说了，他只能供得住一个中学生；俺兄弟俩同时念中学，他供不住。”

我没有做更多的解释。我的爱面子的弱点早在此前已经形成。我不想再向任何人重复叙述我们家庭的困窘。父亲是个纯粹的农民，供着两个同时在中学念书的儿子。哥哥在距家40多里远的县城中学，我在离家50多里的西安一所新建的中学就读。在家里，我和哥哥可以合盖一条被子，破点旧点也关系不大。先是哥哥接着是我要离家到县城和省城的寄宿学校去念中学，每人就得有一套被褥行头，学费杂费伙食费和种种花销都空前增加了。实际上轮到我考上初中时已不再是考中秀才般的荣耀和喜庆，反而变成了一团浓厚的愁云忧雾笼罩在家室屋院的上空。我的行装已不能像哥哥那样有一套新被子新褥子和新床单，被简化到只能有一条旧被子卷成小卷儿背进城市里的学校。我的那一绺床板终日裸露着缝隙宽大的木质板面，晚上就把被子铺一半再盖上一半。我也不能像哥哥那样由父亲把一整袋面粉送交给学生灶，而只能是每周六回家来背一袋杂面馍馍到学校去，因为学校灶上的管理制度规定一律交麦子面，我们家总是短缺麦子而苞谷面还算宽裕。这样的生活我并未意识到有什么不好。因为背馍上学的学生远远超过能搭得起灶的学生人数，每到三顿饭时，背馍的学生便在开水灶的一排供水龙头前排起五六列长队，把掰碎的各色馍块装进各自的大号搪瓷缸子里，用开水浸泡后，便三人一堆五人一伙围在乒乓球台的周围进餐，佐菜大都是花钱买的竹篓咸菜或家制的腌辣椒，说笑和争论的声浪甚至压制了那些从灶房领取炒菜和热饭的“贵族阶层”。

一段插叙，交代了“我”的家庭状况，以及“我”不得不休学的原因，使读者理解父亲此举的无奈，而“我”当时的处境更令人感到心酸。

这样的念书生活终于难以为继。父亲供

给两个中学生的经济支柱，一是卖粮，一是卖树，而我印象最深的还是卖树。父亲自青年时就喜欢栽树，我们家四五块滩地地头的灌渠渠沿上，是纯一色的生长最快的小叶杨树，稠密到不足一步就是一棵，粗的可作檩条，细的能当椽子。父亲卖树早已打破了先大后小先粗后细的普通法则，一切都是随买家的需要而定，需要檩条就任其选择粗的，需要椽子就让他们砍伐细的。所得的票子全都经由哥哥和我的手交给了学校，或是换来书籍课本和作业本以及哥哥的菜票我的开水费。树卖掉后，父亲便迫不及待地刨挖树根，指头粗细的毛根也不轻易舍弃，把树根劈成小块晒干，然后装到两只大竹条笼里挑起来去赶集，卖给集镇上那些饭馆药铺或供销社单位。100斤劈柴的最高时价为1.5元，得来的块把钱也都经由上述的相同渠道花掉了。直到滩地上的小叶杨树在短短的三四年间全部砍伐一空，地下的树根也掏挖干净，渠岸上留下一排新插的白杨枝条或手腕粗细的小树……

我上完初一第一学期，寒假回到家中便预感到要发生重要变故了。新年佳节弥漫在整个村巷里的喜庆气氛与我父亲眉宇间的那种根深蒂固的忧虑形成强烈的反差，直到大年初一刚刚过去的当天晚上，父亲便说出来谋划已久的决策："你得休一年学，一年。"他强调了一年这个时限。我没有感到太大的惊讶。在整个一个学期里，我渴盼星期六回家又惧怕星期六回家。我那年刚刚13岁，从未出过远门，而一旦出门便是50多里远的陌生的城市，只有星期六才能回家一趟去背馍，且不要说一周里一天三顿开水泡馍所造成的对一碗面条的迫切渴望了。然而每个周六在吃罢一碗香喷喷的面条后便进入感情危机，我必须说出明天返校时要拿的钱数，1元班会费或5毛集体买理发工具的款项。我知道一根丈五长的椽子只能卖到1.5元钱，一丈长的椽子只有8角到1块的浮动区。我往往在提出要钱数目之前就折合出来这回要扛走父亲一根或两根椽子，或者是多少斤树根劈柴。我必须在周六晚上提前提出钱数，以便父亲可以从容地去借款。每当这时我就看见父亲顿时阴沉下来的脸色和眼神，同时，夹杂着短促的叹息。我便低了头或扭开脸不看父亲的脸。母亲的脸色同样忧愁，我似乎可以看；

而父亲的眼睑一旦成了那种样子，我就不忍对看或者不敢对看。父亲生就的是一脸的豪壮气色，高眉骨大眼睛统直的高鼻梁和鼻翼两边很有力度的两道弯沟，忧愁蒙结在这样一张脸上似乎就不堪一睹……我曾经不止一次地产生过这样的念头，为什么一定要念中学呢？村子里不是有许多同龄伙伴没有考取初中仍然高高兴兴地给牛割草给灶里拾柴吗？我为什么要给父亲那张脸上周期性地制造忧愁呢……父亲接着就讲述了他让哥哥一年后投考师范的谋略，然后可以供我复学念初中了。他怕影响一家人过年的兴头儿，所以压在心里直到过了初一才说出来。我说："休学？"父亲安慰我说："休学一年不要紧，你年龄小。"我也不以为休学一年有多么严重，因为同班的50多名男女同学中有不少人都结过婚，既有孩子的爸爸，也有做了妈妈的，这在20世纪50年代初并不奇怪，新中国成立后才获得上学机会的乡村青年不限年龄。我是班里年龄最小、个头最矮的一个，座位排在头一张课桌上。我轻松地说："过一年个子长高了，我就不坐头排头一张桌子咧——上课扭得人脖子疼……"

父亲依然无奈地说：“钱的来路断咧！树卖完了——”

她放下夹在指缝间的木制长杆蘸水笔，合上一本很厚很长的登记簿，站起来说：“你等等，我就来。”我就坐在一张椅子上等待，总是止不住她出去干什么的猜想。过了一阵儿她回来了，情绪有些亢奋也有点激动，一坐到她的椅子上就说：“我去找校长了……”我明白了她的去处，似乎验证了我刚才的几种猜想中的一种，心里也怦然动了一下。她没有谈她找校长说了什么，也没有说校长给她说了什么。她现在双手扶在桌沿上低垂着眼，久久不说一句话。她轻轻舒了一口气，扬起头来时我就发现，她亢奋的情绪已经隐退，温柔妩媚的气色渐渐回归到她的眼角和眉宇里来了，似乎有一缕淡淡的无能为力的无奈。

她又轻轻舒了口气，拉开抽屉取出一本公文本在桌子上翻开，从笔筒里抽出那支木杆蘸水笔，在墨水瓶里蘸上墨水后又停下手，问：“你家里就再想不出办法了？”我看着那双滋浮着忧郁气色的眼睛，忽然联想到姐姐的眼神。这种眼神足以使任何被痛苦

体会“滋浮”一词的表达效果。

折磨着的心平静下来，足以使任何被痛苦折磨得心力交瘁的灵魂得到抚慰，足以使人沉静地忍受痛苦和劫难而不至于沉沦。

我突然意识到因为我的休学致使她心情不好这个最简单的推理，而在校长班主任和她中间，她恰好是最不应该产生这种心情的。她是教务处的一位年轻职员，平时就是在教务处做些抄抄写写的事，在黑板上写一些诸如打扫卫生的通知之类的事，我和她几乎没有说过话，甚至至今也记不住她的姓名。我便说："老师，没关系。休学一年没啥关系，我年龄小。"她说："白白耽搁一年多可惜！"随之又换了一种口吻说，"我知道你的名字也认得你。每个班前三名的学生我都认识。"我的心情突然灰暗起来而没有再开口。

她终于落笔填写了公文函，取出公章在下方盖了，又在切割线上盖上一枚合缝印章，吱吱吱撕下并不交给我，放在桌子上，然后把我的休学申请书抹上糨糊后贴在公文存根上。她做完这一切才重新拿起休学证书交给我说："装好。明年复学时拿着来找我。"我把那张硬质纸印制的休学证书折叠了两番装进口袋。她从桌子那边绕过来，又从我的口袋里掏出来塞进我的书包里，说：“明年这阵儿你一定要来复学。”

我向她深深地鞠了躬就走出门去。我听到背后咣当一声闭门的声音，同时也听到一声“等等”。她拢了拢齐肩的整齐的头发朝我走来，和我并排在廊檐下的台阶上走着，两只手插在外套的口袋里。走过一个又一个窗户，走过一个又一个教室的前门和后门，校园里和教室里出出进进着男女同学，有的忙着去注册去交费，有的已经抱着一摞摞新课本新作业本走进教室，还有从校门口刚刚进来的背着被卷馍袋的迟来者。我忽然心情很不好受，在争取到了休学证后心劲松了吧？我很不愿意看见同班同学的熟悉的脸孔，便低了头匆匆走起来，凭感觉可以知道她也加快了脚步，几乎和我同时走出学校大门。

学校门口又涌来一拨偏远地区的学生，熟悉的同学便连连问我：“你来得早！报过名了吧？”我含糊地笑笑就走过去了，想尽快远离正在迎接新学期的洋溢着欢跃气浪的学校大门。她又喊了一声“等等”。我停住脚步。她走过来拍了拍我的书包："甭把休学证弄丢了。"我点点头。她这时才有一句安慰我的话："我同意你的打算，休学一年不要紧，你年龄小。"

这个比喻句生动形象地表现出女老师怜贫恤困的善良本性。说说你读此句时的内心感受。

我抬头看她，猛然看见那双眼睫毛很长的眼眶里溢出泪水来，像雨雾中正在涨溢的湖水，泪珠在眼里打着旋儿，晶莹透亮。我瞬即垂下头避开目光。要是再在她的眼睛里多驻留一秒，我肯定就会号啕大哭。我低着头咬着嘴唇，脚下盲目地拨弄着一颗碎瓦片来抑制情绪，感觉到有一股热辣辣的酸流从鼻腔倒灌进喉咙里去。我后来的整个生命历程中发生过多次这种酸水倒流的事，而倒流的渠道却是从14岁刚来到的这个生命年轮上第一次疏通的。第一次疏通的倒流的酸水的渠道肯定狭窄，承受不下那么多的酸水，因而还是有一小股从眼睛里冒出来，模糊了双眼，顺手就用袖头揩掉了。我终于扬起头鼓起劲儿说："老师……我走咧……"

此处为细节描写，把一个少年羞涩的表情、伤心的感受，描摹得细致入微。

她的手轻轻搭上我的肩头："记住，明年的今天来报到复学。"

我看见两滴晶莹的泪珠从眼睫毛上滑落

下来，掉在脸鼻之间的谷地上，缓缓流过一段就在鼻翼两边挂住。我再一次虔诚地深深鞠躬，然后就转过身走掉了。

第二次描写女老师“晶莹的泪珠”，这处细节描写准确、传神，耐人寻味。

25年后，卖树卖树根（劈柴）供我念书的父亲在癌症弥留之际，对坐在他身边的我说：“我有一件事对不住你……”

我惊讶得不知所措。

“我不该让你休那一年学！”

我浑身战栗，久久无言。我像被一吨烈性梯恩梯炸成碎块细末儿飞向天空，又似乎跌入千年冰窖而冻僵四肢冻僵躯体也冻僵了心脏。在我高中毕业名落孙山回到乡村的无边无际的彷徨苦闷中，我曾经猴急似的怨天尤人：“全都倒霉在休那一年学……”我1962年毕业，高校招生任务大大缩小，我们班里“剃了光头”，四个班也仅仅考取了一个个位数，而在上一年的毕业生里我们这所不属重点的学校也有50％的学生考取了大学。如果不是休学一年，我当是1961年毕业……父亲说：“错过一年……让你错过了20年……而今你还算熬出点名堂了……”

此处为补叙，补充了老父亲弥留之际对“我”的歉意，补充了这次休学对“我”的人生产生的重大影响。思考一下这段文字对表现文章主旨的作用。

我感觉到炸飞的碎块细末儿又归结成了原来的我，冻僵的四肢自如了冻僵的躯体灵便了冻僵的心又噔噔噔跳起来的时候，猛然想起休学出门时那位女老师溢满眼眶又流挂在鼻翼上的晶莹的泪珠儿。我对已经跨进黄泉路上半步的依然向我忏悔的父亲讲了那一串的泪珠的经历，我称呼伯伯的父亲便安然合上了眼睛，喃喃地说：“可你……怎么……不早点给我……说这女先生哩……”

结尾卒章显志，以议论升华了主旨。请结合文中最打动你的细节，说说你对最后一段的理解。

我今天终于把几近40年前的这一段经历写出来的时候，对自己算是一种虔诚祈祷，当各种欲望膨胀成一股强大的浊流冲击所有大门窗户和每一个心扉的当今，我便企望自己如女老师那种泪珠的泪腺不致堵塞更不敢枯竭，那是滋养生命灵魂的泉源，也是滋润民族精神的泉源哦……

学习提示

这篇文章讲述了作者因家庭生活困窘不得不休学，在办理休学手续的过程中得到了一位女老师真诚的关怀，这种关怀使作者受到慰藉、获得勇气与力量的故事。

“晶莹的泪珠”是文中最能表现人物精神的细节，阅读时要用心品读。文中有两处实写女老师的泪珠，之前还有一处对其眼神的精彩描写，找到这些句子细细品味，体会“晶莹的泪珠”里蕴含着怎样的人性美。

1. 华老师，你在哪儿？

⊙王　蒙

在我快要满7周岁的时候，升入当时的北平师范学校附属小学二年级，那是1941年，日伪统治时期。

我至今记得北师附小的校歌：

北师附小是乐园，

汉清百岁传，

……

向前，向前，

携手同登最高巅。

第二句的“汉清”两个字恐怕有误，如果这个学校是从汉朝办起的，那就不是“百岁传”，而是一千几百年了，大概目前世界上还没有那么古老的学校。

在小学一年级，我们的级任老师（犹今之班主任）姓葛，葛老师对学生是采取“放羊”政策的，不大管。一遇到天气冷，学校又没有经费买煤生火炉，以致有的小同学冻得尿了裤子（我也有一次这样的并不觉得不光荣的经历），葛老师便干脆宣布提前散学。

二年级换了一位老师叫华霞菱，女，刚从北平师范学校（简称北师）毕业，20岁左右，个子比较高，脸挺大，还长了些麻子，校长介绍说，她是“北师”的高才生，将担任我们班的级任老师。

她口齿清楚，态度严肃，教学认真，与葛老师那股松垮垮的劲头完全相反。首先是语音，她用当时的“国语注音符号”（即ㄅ、ㄆ、ㄇ、ㄈ）一个字一个字地校正我们的发音，一丝不苟。我至今说话的发音，还是遵循华老师所教授的，因此，有些字读的与当代普通话有别。例如“伯伯”，我读“bāi bāi”，而不肯读“bó bó”，侦察的“侦”，我读“蒸”而不是“真”，教室的“室”，我读上声而不肯读去声，等等。为“伯”“磨”之类的字的读法我还请教过王力教授，他对我的读音表示惊异。其实我出生就在北京，如果和真正的老北京在一起，我也会说一些北京土话的，但只要一认真发言，就一切按照华老师40多年前的教导了，这童年的教育可真重要。

华老师对学生非常严格，经常对一些“坏学生”训诫体罚（站壁角、不准回家吃饭），我们都认为这个老师很厉害，怕她。但她教课、改作业实在是认真极了，所以，包括被处罚得哭了个死去活来的同学，也一致认为这是一个比葛老师强百倍的老师。谁说小孩子不会判断呢?

小学二年级，平生第一次做造句，第一题是“因为”。我造了一个大长句，其中有些字不会写，是用注音符号拼的。那句子是：

“下学以后，看到妹妹正在浇花呢，我很高兴，因为她从小就不懒惰。”

华老师在全班念了我这个句子，从此，我受到了华老师的“激赏”。

但是，有一次我出了个“难题”，实在有负华老师的希望。华老师规定，写字课必须携带毛笔、墨盒和红模字纸，但经常有同学忘带而使写字课无法进行。华老师火了，宣布说再有人不带上述文具来上写字课，便到教室外面站壁角去。

偏偏刚宣布完我就犯了规，等想起这一节是写字课时，课前预备铃已经打了，回家取已经不可能。

我心乱跳，面如土色。华老师来到讲台上，先问：“都带了笔墨纸了吗？”

我和一个瘦小贫苦的女生低着头站了起来。

华老师皱着眉看着我们，她问：“你们说怎么办？”

我流出了眼泪。最可怕的是我姐姐也在这个学校，如果我在教室外面站了壁角，这种奇耻大辱就会被她报告给父母……天啊，我完了。

全班都沉默着，大家感到了问题的严重性。

那个瘦小的女同学说话了：“我出去站着去吧，王蒙就甭去了，他是好学生，从来没犯过规。”

听了这个话我真是绝处逢生，我喊道：“同意！”

华老师看了我一眼，摇摇头，叹了口气，厉声说了句：

“坐下！”

事后她把我找到她的宿舍，问道：“当×××（那个女生的名字）说她出去罚站而你不用去的时候，你说什么来着？”

我脸一下子就红了，我无地自容。

这是我平生受到的第一次最深刻的品德教育。我现在写到这儿的时候，心里仍怦怦然：不受教育，一个人会成为什么样呢？

又有一次考修身课，其中一道答题需有一个“育”字，我头一天晚上还练习了好几次这个“育”字，临考时却怎么也想不起来了，觉得实在冤枉，便悄悄打开书桌，悄悄翻开了书，找到了这个“育”字，还自以为无人知晓呢。

发试卷时，华老师说：“这次考试，本来有一个同学考得很好，但因为一些原因，他的成绩不能算数。”

我一下子又两眼漆黑了。

又是一次促膝谈心，个别谈话。我承认了自己的错误，华老师扣了我10分，但还是照顾了我的面子，没有在班上公布我考试作弊的不良行为。

华老师有一次带我去先农坛参加全市中小学生运动会，会前，还带我去一个糕点铺吃了一碗油茶，一块点心。这是我平生第一次“下馆子”了，这种在糕点铺吃油茶的经验，我借用了写到《青春万岁》里苏君和杨蔷云身上了。

运动会开完，天黑了，挤有轨电车时，我与华老师失散了，真挤呀，挤得我脚不沾地。结果，我上错了车，我家本来在“西四牌楼”附近，我却坐了去“东四牌楼”的车，到了东四，仍然下不来车，一直坐到了北新桥终点站……后来我还是找回了家，从此，我反而与华老师更亲了。

我们上学时候的小学，每逢升级，级任老师就要换的，因此，1942年以后，华老师就不再教我们了。此后也有许多好老师，但没有一个像华老师那样细致地教育过我。

1945年抗日战争胜利以后，国民党政府从北平号召一部分教师去台湾任教以推广“国语”，华老师自愿报名去了，据说从此她一直在台北。

日前我得知北京师大附小的特级教师关敏卿是当年北师附小的“唱游”教师，教过我的。我去看望了关老师。我与关老师谈了很多华老师的事。关老师在北师时便与华老师同学。后来，关老师还找出了华老师的照片寄给我。

华老师，您能得知我这篇文章的一点信息吗？您现在可好？您还记得我的第一次造句（这是我的“写作”的开始呀）吗？您还记得我的两次犯错误吗？还有我们一起喝油茶的那个铺子，那是在前门、珠市口一带吧？对不对？我真想念您，真想见一见您啊！

1983年5月

2. 师　道

⊙赵长天

屈老师连名字都很有个性：肇堃。他来当我们物理老师之后，我才知道汉语中有个“堃”字，才知道它读“昆”。写这篇小文之前我查了字典：肇者，开始也；堃者，同坤，八卦之一，代表地。堃另一意思是指女性的，如坤角。肇堃连在一起的含义，很玄虚。名字是父辈取的，和本人无关，可我总觉得，像屈老师这么有个性的人，是该有这么个怪名字。

屈老师右脚坏了，整个儿都已经萎缩，挂在大腿上。据说是大学时踢足球踢坏的。我总觉奇怪，踢球怎么会把一条腿踢成这副样子，怀疑有别的原因，牵连着一个隐秘的故事。但我只是暗暗怀疑，从来也不敢当面询问。他走路靠木拐，把一根木拐操练得比长在身上的腿还伶俐，尤其是上下楼梯，像小鸟一样轻捷。我相信任何见过一眼的人，都会留下极深刻的印象。

那时候，他大概四十多岁，在十几岁的初中生眼里，已经是小老头儿了。看他给我们上课，真是件极轻松的活计。夹本不厚的讲义，讲义纸已焦黄，卷着角儿，一看就知道是陈年古董，用过多少年了。他根本不用临时备课。开学时，吩咐每人交本练习簿，几天后发下来时，簿子上已经油印了100道题目。以后就省事了，“今天做第1题至第5题”，他不用现出题目，我们也不用现抄题目，大家轻松。其实，教科书后也有练习题，他从来不让我们做，只做他的。100题做完了，从头开始做第二遍，他对教科书后的题目不屑一顾，只相信自己的题目，就像他只相信自己的手表一样。

那天，下课铃响了，他却无动于衷，继续讲课。他这人很守时，从不拖课，有同学以为他没听到铃声，提醒说：“屈老师，下课了！”他抬起左腕，看看表，说：“不对，学校的钟快了，还有两分钟。”

他的自信，甚至可以从他说话的腔调上表现出来，他把W读成“台拨溜”，并且把那个念错的“台”音读得特别响，拖得特别长，从不理会别人对他有意无意的提醒。于是我们私下里都称他“台拨溜”。其实，他的自信是有资本的。作为圣约翰大学的毕业生，英语绝对过关，只不过读音中掺杂了乡音，乡音难改，情有可原。

有一回，他请病假，请一位年轻老师代课，讲授力学部分某节课程，好像是关于重物上坡下坡的合力分力问题。那老师连着讲了两堂课，大家都没听懂，一做习题就出错。第三堂课，屈老师回来了，他接着讲，只不过刻把钟，大家就豁然开朗。好像只是个很简单的问题，屈老师三言两语就说明白了。真是很奇怪，怎么会两堂课都弄不懂一个并不复杂的问题？从此，大家知道了，不能小看“台拨溜”那卷陈年古董，那可是一本真经。

渐渐地，他就确立了自己的尊严。有时候，由于生理缺陷，他的动作很可笑。他又不拘小节，平时小测验，在黑板上书写完考题，他就拐杖点地，腾地一跳，坐在讲台上，坏脚勾在好脚上轻轻抖动，逍遥地看自己的书，往往都是原版的英文书，但谁也不敢当面笑他。

蒋铮大概是唯一敢顶撞他的学生。她是物理课代表，成绩很好，屈老师也喜欢，便目无长上，竟在课堂上顶老师的嘴。为了什么事顶嘴我已经记不清了，印象中屈老师脸色铁青，亏得有涵养，没有当场发作。从那天开始，每节物理课，到下课前十分钟，他就结束了正常的课程，说：“今天，我来讲讲中华民族的优秀传统，勤劳。蒋铮同学很勤劳……”下一堂课，他又留出十分钟，说：“今天讲讲中华民族的优秀传统，勇敢。蒋铮同学很勇敢……”连着四堂物理课，我们陪着蒋铮，为她损害老师尊严共同付出代价。

屈老师平时不苟言笑，上课准时到，下课就走。午饭常常是上饭馆，很少在学校食堂用餐。听说他没结过婚，大家都不奇怪，我甚至觉得，如果说他结过婚，倒是很难理解了。

很多年过去了，一直没再见过屈老师，却常常想起他。我心里祝福他晚年幸福。他是位卓越的教师，能当他的学生是幸运，只是当时我们身在福中不知福。

（有删节）

3. 吴雨僧先生二三事

⊙汪曾祺

吴宓（雨僧）先生相貌奇古。头顶微尖，面色苍黑，满脸刮得铁青的胡子，有学生形容他的胡子之盛，说是他两边脸上的胡子永远不能一样：刚刮了左边，等刮右边的时候，左边又长出来了。他走路很快，总是提了一根很粗的黄藤手杖。这根手杖不是为了助行，而是为了矫正学生的步态。有的学生走路忽东忽西，挡在吴先生的前面，吴先生就用手杖把他拨正。吴先生走路是笔直的，总是匆匆忙忙的。他似乎没有逍遥闲步的时候。

吴先生是西语系的教授。他在西语系开了什么课我不知道。他开的两门课是外系学生都可以选读或自由旁听的。一门是“中西诗之比较”，一门是“红楼梦”。

“中西诗之比较”第一课我去旁听了。不料他讲的第一首诗却是：

一去二三里，烟村四五家。楼台六七座，八九十枝花。

吴先生认为这种数字的排列是西洋诗所没有的。我大失所望了，认为这讲得未免太浅了，以后就没有再去听，其实讲诗正应该这样：由浅入深。数字入诗，确也算得是中国诗的一个特点。骆宾王被人称为“算博士”。杜甫也常以数字为对，如“两个黄鹂鸣翠柳，一行白鹭上青天”“窗含西岭千秋雪，门泊东吴万里船”。吴先生讲课这样的“卑之勿甚高论”，说明他治学的朴实。

“红楼梦”是很“叫座”的，听课的学生很多，女生尤其多。我没有去听过，但知道一件事。他一进教室，看到有些女生站着，就马上出门，到别的教室去搬椅子。联大教室的椅子是不固定的，可以搬来搬去。吴先生以身作则，听课的男士也急忙蜂拥出门去搬椅子。到所有女生都已坐下，吴先生才开讲。吴先生讲课内容如何，不得而知。但是他的行动，很能体现“贾宝玉精神”。

文林街和府甬道拐角处新开了一家饭馆，是几个湖南学生集资开的，取名“潇湘馆”，挂了一个招牌。吴先生见了很生气，上门向开馆子的同学抗议：林妹妹的香闺怎么可以作为一个饭馆的名字呢！开饭馆的同学尊重吴先生的感情，也很知道他的执拗的脾气，就提出一个折中的方案，加一个字，叫作“潇湘饭馆”。吴先生勉强同意了。

听说陈寅恪先生曾说吴先生是《红楼梦》里的妙玉，吴先生以为知己。这个传说未必可靠，也许是哪位同学编出来的，但编造得颇为合理，这样的编造安在陈先生和吴先生的头上，都很合适。

吴先生长期过着独身生活，吃饭是“打游击”。他经常到文林街一家小饭馆去吃牛肉面。这家饭馆只有一间门脸，卖的也只是牛肉面。小饭馆的老板很尊重吴先生。抗战期间，物价飞涨，小饭馆随时要调整价目。每次涨价，都要征得吴先生同意。吴先生听了老板说明涨价的理由，把老的价目表撤下，在一张红纸上用毛笔正楷写一张新的价目表贴在墙上：炖牛肉多少钱一碗，牛肉面多少钱一碗，净面多少钱一碗。

抗战胜利，三校（西南联大是清华、北大、南开联合起来的）复员，不知道为什么吴先生没有回清华（他是老清华了），我就没有再见到吴先生。有一阵谣传他在四川出了家，大概是因为他字“雨僧”而附会出来的。后来打听到他辗转在武汉大学、香港大学教书，最后落到北碚师范学院。后来他回到陕西，死在老家。吴先生可以说是穷困而死。一个老教授，落得如此下场，哀哉！

（有删节）

4. 第一次投稿

⊙陈忠实

背着一周的粗粮馍馍，我从乡下跑到几十里远的城里去念书，一日三餐都是开水泡馍，不见油星儿，最奢侈的时候是买一点儿杂拌咸菜；穿衣自然更无从讲究了，从夏到冬，单棉衣裤以及鞋袜，全部出自母亲的双手，唯有冬天防寒的一顶单帽，是出自现代化纺织机械的棉布制品。在乡村读小学的时候，似乎于此并没有什么不大良好的感觉；现在面对穿着艳丽、别致的城市学生，我无法不“顾影自卑”。说实话，由此引起的心理压抑，甚至比难以下咽的粗粮以及单薄的棉衣抵御不住的寒冷更使我难以忍受。

在这种处处使人感到困窘的生活里，我却喜欢上了文学；而喜欢文学，在一般同学的眼里，往往是被看作极浪漫的人的极富浪漫色彩的事。

新来了一位语文老师，姓车，刚刚从师范学院毕业。第一次作文课，他让我们自拟题目，想写什么就写什么。这是我以前从未遇过的新鲜事。我喜欢文学，却讨厌作文。诸如《我的家庭》《寒假（或暑假）里有意义的一件事》这类题目，从小学写到中学，我是越写越烦了，越写越找不出“有意义的事”了。新来的车老师让我们想写什么就写什么，我有兴趣了，来劲了，就把过去写在小本上的两首诗翻出来，修改一番，抄到作文本上。我第一次感受到了作文的乐趣，而不再是活受罪。

我萌生了企盼，企盼尽快发回作文本来，我自以为那两首诗是杰出的，会让老师“震”一下的。我的作文从来没有受过老师的表扬，更没有被当作范文在全班宣读的机会。我企盼有这样的一次机会，而且感到机会正朝我走来。

车老师抱着厚厚一摞作文本走上讲台，我的心无端地慌跳起来。然而45分钟过去，要宣读的范文都宣读过了，甚至连某个同学作文里一两句生动的句子也被摘引出来表扬了，那些令人发笑的错句、病句以及因为一个错别字而致使语句含义全变的笑料也被点出来了，可终究没有提及我的那两首诗，我的心里寂寒起来。离下课只剩下几分钟时，作文本发到我的手中。我迫不及待地翻看了车老师用红墨水写下的评语，倒有不少好话。而末尾却悬下一句：“以后要自己独立写作。”

我愈想愈觉得不是味儿，愈不是味儿愈不能忍受。况且，车老师没有给我的作文打分！我觉得受了屈辱。我拒绝了同桌以及其他同学交换作文的请求。好容易挨到下课，我拿着作文本赶到车老师的办公室，喊了一声：“报告——”

获准进入后，我看见车老师正在木架上的脸盆里洗手。他偏过头问：“什么事？”

我扬起作文本：“我想问问，你给我的评语是什么意思？”

车老师扔下毛巾，坐在椅子上，说：“那意思很明白。”

我把作文本摊开放在桌子上，指着评语末尾的那句话：“这‘要自己独立写作’我不明白，请你解释一下。”

“那意思很明白，就是要自己独立写作。”

“那……这诗不是我写的？是抄别人的？”

“我没有这样说。”

“可你的评语这样写了！”

他瞅着我，冷峻的眼神里有自以为是的得意，也有对我的轻蔑和嘲弄，更混含着被冒犯了的愠怒。他终于下定决心说：“也可以这么看。”

我急了：“凭什么说我抄别人的？”

他冷静地说：“不需要凭证。”

我气得说不出话……

他悠悠地说：“我不要凭证就可以这样说。你不可能写出这样的诗……”

我突然想到我的粗布衣裤的丑笨，想到我和那些上不起伙的乡村学生围蹲在开水龙头旁时的窝囊……凭这些就瞧不起我吗？凭这些就判断我不能写出两首诗来吗？我失控了，一把从作文本上撕下那两首诗，再撕下他用红色墨水写下的评语。在要朝他摔出去的一刹那，我看见一双震怒得可怕的眼睛。我的心猛然一颤，就把那些纸用双手一揉，塞到衣袋里去了，然后一转身，不辞而别。

我躺在集体宿舍的床板上，属于我的那一绺床板是光的，没有褥子也没有床单，唯一不可或缺的是头下枕着的这一卷被子，晚上，我是铺一半再盖一半的。我已经做好了被开除的思想准备。这样受罪的念书生活还要再加上屈辱，我已不再留恋。

晚自习开始了，我摊开了书和作业本，却做不出一道习题来，捏着笔，盯着桌面，我不知做这些习题还有什么用。

因为这件事，期末时我的操行等级降到了“乙”。

打这以后，在车老师的语文课上，我对于他的提问从不举手，他也不点我的名要我回答问题，在校园里或校外碰见时，我就远远地避开。

又一次作文课，又一次自选作文。我写下一篇小说，名曰《桃园风波》，竟有三四千字，这是我平生写下的第一篇小说，取材于我们村子里果园入社时发生的一些事。随之又是作文评讲，车老师仍然没有提到我的作文，于好于劣都不曾提及，我心底里的火又死灰复燃。作文本发下来，我翻到末尾的评语栏，见连篇的好话竟然写满了两页作文纸，最后的得分栏里，有一个神采飞扬的“5”字，在“5”字的右上方，又加了一个“+”，这就是说，比满分还要满了。

既然有如此好的评语和“5^+”的高分，为什么在评讲时不提我一句呢？他大约意识到小视“乡下人”的难堪了，我这样猜想，心里也就膨胀了，充满了愉悦和报复后的快感，这下该有凭证证明前头那场说不清的冤案了吧？

僵局继续着。

入冬后的第一场大雪是夜间降落的，校园里一片白。早操临时被取消，改为扫雪，我们班负责清扫西边的篮球场，雪底下竟是干燥的沙土。我正扫着，有人拍我的肩膀，一扬头，是车老师。他笑着。在我看来，他笑得很不自然。他说：“跟我到语文教研室去一下。”我心里疑虑重重：又有什么麻烦了？

走出篮球场，车老师的一只胳膊搭到我肩上了，我的心猛地一震，慌得手足无措。那只胳膊从我的右肩绕过脖颈，就搂住我的左肩。这样一个超级亲昵友好的举动，顿时冰释了我心头的疑虑，却使我更加局促不安。

走进教研室的门，见里面坐着两位老师，一男一女。车老师说：“‘二两壶’‘钱串子’来了。”两位老师看看我，哈哈笑了。我不知所以，脸上发烧。“二两壶”和“钱串子”是最近一次作文时我的又一篇小说中两个人物的绰号。我当时顶崇拜赵树理，他小说的人物都有外号，极有趣，我总是记不住人物的名字而能记住外号，于是我也学着给我的人物用上了外号。

车老师从他的抽屉里取出我的作文本，告诉我，市里要搞中学生作文比赛，每个中学要选送两篇。本校已评选出两篇来，一篇是议论文，初三一位同学写的，另一篇就是我的作文

《堤》了。

啊！真是大喜过望，我不知该说什么了。

“我已经把错别字改正了，有些句子也修改了。”车老师说，“你看看，修改得合适不合适？”说着又搂住我的肩头，搂得离他更近了，指着被他修改过的字句一一征询我的意见。我连忙点头，说修改得都很合适。其实，我连一句也没听清楚。

他说：“你如果同意我的修改，就把它另外抄写一遍，周六以前交给我。”

我点点头，准备走。

他又说：“我想把这篇作品投给《延河》。你知道《延河》杂志吗？我看你的字儿不太硬气，学习也忙，就由我来抄写投寄吧。”

我那时还不知道投稿，也是第一次听说《延河》。多年以后，当我走进《延河》编辑部的大门并且在《延河》上发表作品的时候，我都会情不自禁地想到车老师曾为我抄写投寄的第一篇稿。

这天傍晚，住宿的同学有的活跃在操场上，有的逛大街去了，教室里只有三五个死贪学习的女生。我破例坐在书桌前，摊开了作文本和车老师送给我的一沓稿纸，心里怎么也稳定不下来。我感到愧悔，想哭，却又说不清是什么情绪。

第二天的语文课，车老师的课前提问一提出，我就举起了左手，为了我的可憎的狭隘而举起了忏悔的手，向车老师投诚……

他一眼就看见了，欣喜地指定我回答。我站起来，却说不出话来，喉头像塞了棉花似的。主动举手而又回答不出，后排的同学哄笑起来，我窘急中涌出眼泪来……

上到初三时，我转学了。暑假办理转学手续时，车老师探家尚未回校。后来，当我再探问车老师的所在时，只说早调回甘肃了。当我在报纸上发表处女作的时候，我想到了车老师，觉得应该寄一份报纸给他，去慰藉被我冒犯过的那颗美好的心！当我的第一本小说集出版时，我在开列给朋友们赠书的名单时又想到车老师，终不得音讯，这债就依然拖欠着。

经过多少年，我的车老师不知尚在人间否？我却始终忘不了那淳厚的陇东口音……

单元学习任务

任务一

每位老师都以独特的人格魅力影响着自己的学生。速读《华老师，你在哪儿？》《师道》这两篇文章，分别概括华老师和屈老师给你印象最深的两件事，说说这些典型事例展现了人物怎样的精神品格。

老师	典型事件一	人物精神品格	典型事件二	人物精神品格
华老师				
屈老师				

任务二

汪曾祺、陈忠实两位作家的语言风格各具特色，前者淡而有味，后者情感深挚。他们都善于捕捉生活中的细节，于细微之处绘人物之精神。请模仿《金岳霖先生》和《晶莹的泪珠》两篇文章的批注卡片，为汪曾祺的《吴雨僧先生二三事》和陈忠实的《第一次投稿》两篇文章制作批注卡片。

卡片1：

摘录：

“他讲着讲着，忽然停下来：‘对不起，我这里有个小动物。’他把右手伸进后脖颈，捉出了一个跳蚤，捏在手指里看看，甚为得意。”

——《金岳霖先生》

赏析：

这里用语言描写，金先生称跳蚤为“小动物”，可见其风趣幽默。用动作描写，“伸”“捉”“捏”三个看似平常的动词传神地写出了金先生直率洒脱、不拘小节的特点，使读者感受到金先生有魏晋名士之风范。

评价：☆☆☆☆☆

卡片2：

摘录：

“我听到背后咣当一声闭门的声音，同时也听到一声‘等等’。她拢了拢齐肩的整齐的头发朝我走来，和我并排在廊檐下的台阶上走着，两只手插在外套的口袋里。走过一个又一个窗户，走过一个又一个教室的前门和后门……”

——《晶莹的泪珠》

赏析：

“咣当”的闭门声，和我并排走过的一个又一个窗户，这些细节深深印在“我”记忆中，女老师的善良和对因贫困失学的优秀学生的怜惜、牵挂和爱莫能助的无奈，通过这些细节淋漓尽致地呈现出来了，同时呈现的还有作者对这位善良女老师的由衷感激和深挚怀念。

评价：☆☆☆☆☆

母爱似海

“慈母的胳膊是慈爱构成的，孩子睡在里面怎能不甜？”母爱在成长路上每一个或深或浅的足印中，在静谧夜晚每一个或喜或忧的梦境中，在平常生活每一个或甘或辛的故事中。这个单元的文章都饱含深情，作者回望来时路，把深情的目光投向母亲，在质朴平实的叙述中表达对母亲深切的怀念。细细品味这些文字，你会收获更多的感动与启迪。

阅读本单元文章，要感悟、理解文章内容，进一步了解回忆性散文的特点，比较不同作者在刻画母亲形象时运用的写作手法有何异同。还要学会从小处着眼，于细微处见真情，品味不同作家风格多样的语言，提高自己的文学鉴赏水平。

1. 我的母亲

⊙老　舍

母亲的娘家是北平德胜门外，土城儿外边，通大钟寺的大路上的一个小村里。村里一共有四五家人家，都姓马。大家都种点不十分肥美的地，但是与我同辈的兄弟们，也有当兵的，做木匠的，做泥水匠的和当巡察的。他们虽然是农家，却养不起牛马，人手不够的时候，妇女便也须下地做活。

对于姥姥家，我只知道上述的一点。外公外婆是什么样子，我就不知道了，因为他们早已去世。至于更远的族系与家史，就更不晓得了；穷人只能顾眼前的衣食，没有工夫谈论什么过去的光荣；“家谱”这字眼，我在幼年就根本没有听说过。

首先交代母亲的身世——出生在贫苦人家，这样的出身造就了母亲坚韧、能吃苦耐劳的品质，为下文写母亲的勤劳和“软而硬”的性格埋下伏笔。

母亲生在农家，所以勤俭诚实，身体也

好。这一点事实却极重要，因为假若我没有这样的一位母亲，我以为我恐怕也就要大大地打个折扣了。

母亲出嫁大概是很早，因为我的大姐现在已是六十多岁的老太婆，而我的大外甥女还长我一岁啊。我有三个哥哥，四个姐姐，但能长大成人的，只有大姐，二姐，三姐，三哥与我。我是“老”儿子。生我的时候，母亲已有四十一岁，大姐二姐已都出了阁。

由大姐与二姐所嫁入的家庭来推断，在我生下之前，我的家里，大概还马马虎虎的过得去。那时候订婚讲究门当户对，而大姐丈是做小官的，二姐丈也开过一间酒馆，他们都是相当体面的人。

可是，我，我给家庭带来了不幸：我生下来，母亲晕过去半夜，才睁眼看见她的老儿子——感谢大姐，把我揣在怀中，致未冻死。

一岁半，我把父亲“克”死了。

老舍自幼丧父，由母亲养育长大，与母亲有着无比深厚的感情。

兄不到十岁，三姐十二三岁，我才一岁半，全仗母亲独力抚养了。父亲的寡姐跟我们一块儿住，她的脾气极坏。为我们的衣食，母亲要给人家洗衣服，缝补或裁缝衣裳。在我的记忆中，她的手终年是鲜红微肿的。白天，她洗衣服，洗一两大绿瓦盆。她做事永远丝毫也不敷衍，就是屠户们送来的黑如铁的布袜，她也给洗得雪白。晚间，她与三姐抱着一盏油灯，还要缝补衣服，一直到半夜。她终年没有休息，可是在忙碌中，她还把院子屋中收拾得清清爽爽。桌椅都是旧的，柜门的铜活久已残缺不全，可是她的手老使破桌面上没有尘土，残破的铜活发着光。院中，父亲遗留下的几盆石榴与夹竹桃，永远会得到应有的浇灌与爱护，年年夏天开许多花。

哥哥似乎没有同我玩耍过。有时候，他去读书；有时候，他去学徒；有时候，他也去卖花生或樱桃之类的小东西。母亲含着泪把他送走，不到两天，又含着泪接他回来。我不明白这都是什么事，而只觉得与他很生疏。与母亲相依为命的是我与三姐。因此，她们做事，我老在后面跟着。她们浇花，我也张罗着取水；她们扫地，我就撮土……从这里，我学得了爱花，爱清洁，守秩序。这些习惯至今还被我保存着。

有客人来，无论手中怎么窘，母亲也要

设法弄一点东西去款待。舅父与表哥们往往是自己掏钱买酒肉食，这使她脸上羞得飞红，可是殷勤地给他们温酒做面，又给她一些喜悦。遇上亲友家中有喜丧事，母亲必把大褂洗得干干净净，亲自去贺吊——份礼也许只是两吊小钱。到如今如我的好客的习性，还未全改，尽管生活是这么清苦，因为自幼儿看惯了的事情是不易改掉的。

姑母常闹脾气。她单在鸡蛋里找骨头。她是我家中的阎王。直到我入了中学，她才死去，我可是没有看见母亲反抗过。“没受过婆婆的气，还不受大姑子的吗？命当如此！”母亲在非解释一下不足以平服别人的时候，才这样说。是的，命当如此。母亲活到老，穷到老，辛苦到老，全是命当如此。她最会吃亏。给亲友邻居帮忙，她总跑在前面：她会给婴儿洗三——穷朋友们可以因此少花一笔“请姥姥”钱——她会刮痧，她会给孩子们剃头，她会给少妇们绞脸……凡是她能做的，都有求必应。但是吵嘴打架，永远没有她。她宁吃亏，不斗气。当姑母死去的时候，母亲似乎把一世的委屈都哭了出来，一直哭到坟地。不知道哪

母亲勤劳诚实且做事认真仔细，她热情好客且乐于助人，她善良坚强，对子女的感情内敛而深厚。

里来的一位侄子，声称有承继权，母亲便一声不响，叫他搬走那些破桌子烂板凳，而且把姑母养的一只肥母鸡也送给他。

可是，母亲并不软弱。父亲死在庚子闹“拳”的那一年。联军入城，挨家搜索财物鸡鸭，我们被搜两次。母亲拉着哥哥与三姐坐在墙根，等着“鬼子”进门，街门是开着的。“鬼子”进门，一刺刀先把老黄狗刺死，而后入室搜索。他们走后，母亲把破衣箱搬起，才发现了我。假若箱子不空，我早就被压死了。皇上跑了，丈夫死了，鬼子来了，满城是血光火焰，可是母亲不怕，她要在刺刀下，饥荒中，保护着儿女。北平有多少变乱啊，有时候兵变了，街市整条地烧起，火团落在我们院中。有时候内战了，城门紧闭，铺店关门，昼夜响着枪炮。这惊恐，这紧张，再加上一家饮食的筹划，儿女安全的顾虑，岂是一个软弱的老寡妇所能受得起的？可是，在这种时候，母亲的心横起来，她不慌不哭，要从无办法中想出办法来。她的泪会往心中落！这点软而硬的个性，也传给了我。我对一切人与事，都取和平的态度，把吃亏看作当然的。但是，在做人

母亲临危不惧，灾难当头，“保护着儿女”这一强烈的信念支撑着母亲，有着明知不可为而为之的信念，充分彰显了母亲的坚强与伟大。

上，我有一定的宗旨与基本的法则，什么事都可将就，而不能超过自己划好的界限。我怕见生人，怕办杂事，怕出头露面；但是到了非我去不可的时候，我便不得不去，正像我的母亲。从私塾到小学，到中学，我经历过起码有廿位教师吧，其中有给我很大影响的，也有毫无影响的，但是我的真正的教师，把性格传给我的，是我的母亲。母亲并不识字，她给我的是生命的教育。

当我在小学毕了业的时候，亲友一致地愿意我去学手艺，好帮助母亲。我晓得我应当去找饭吃，以减轻母亲的勤劳困苦。可是，我也愿意升学。我偷偷地考入了师范学校——制服，饭食，书籍，宿处，都由学校供给。只有这样，我才敢对母亲提升学的话。入学，要交十元的保证金。这是一笔巨款！母亲作了半个月的难，把这巨款筹到，而后含泪把我送出门去。她不辞劳苦，只要儿子有出息。当我由师范毕业，而被派为小学校校长，母亲与我都一夜不曾合眼。我只说了句："以后，您可以歇一歇了！"她的回答只有一串串的眼泪。我入学之后，三姐结了婚。母亲对儿女是都一样疼爱的，但是假若她也有点偏爱的话，她应当偏爱三姐，因为自父亲死后，家中一切的事情都是母亲和三姐共同撑持的。三姐是母亲的右手。但是母亲知道这右手必须割去，她不能为自己的便利而耽误了女儿的青春。当花轿来到我们的破门外的时候，母亲的手就和冰一样的凉，脸上没有血色——那是阴历四月，天气很暖。大家都怕她晕过去。可是，她挣扎着，咬着嘴唇，手扶着门框，看花轿徐徐地走去。不久，姑母死了。三姐已出嫁，哥哥不在家，我又住学校，家中只剩母亲自己。她还须自晓至晚地操作，可是终日没人和她说一句话。新年到了，正赶上政府倡用阳历，不许过旧年。除夕，我请了两小时的假。由拥挤不堪的街市回到清炉冷灶的家中。母亲笑了。及至听说我还须回校，她愣住了。半天，她才叹出一口气来。到我该走的时候，她递给我一些花生，“去吧，小子！”街上是那么热闹，我却什么也没看见，泪遮迷了我的眼。今天，泪又遮住了我的眼，又想起当日孤独地过那凄惨的除夕的慈母。可是慈母不

生动感人的画面离不开作者成功的细节描写，母亲一系列的动作隐含着母亲送女儿出嫁时依依不舍的内心活动。

作者为何说“泪遮迷了我的眼”？

会再候盼着我了，她已入了土！

儿女的生命是不依顺着父母所设下的轨道一直前进的，所以老人总免不了伤心。我廿三岁，母亲要我结了婚，我不要。我请来三姐给我说情，老母含泪点了头。我爱母亲，但是我给了她最大的打击。时代使我成为逆子。廿七岁，我上了英国。为了自己，我给六十多岁的老母以第二次打击。在她七十大寿的那一天，我还远在异域。那天，据姐姐们后来告诉我，老太太只喝了两口酒，很早地便睡下。她想念她的幼子，而不便说出来。

七七抗战后，我由济南逃出来。北平又像庚子那年似的被鬼子占据了，可是母亲日夜惦念的幼子却跑西南来。母亲怎样想念我，我可以想象得到，可是我不能回去。每逢接到家信，我总不敢马上拆看，我怕，怕，怕，怕有那不祥的消息。人，即使活到八九十岁，有母亲便可以多少还有点孩子气。失了慈母便像花插在瓶子里，虽然还有色有香，却失去了根。有母亲的人，心里是安定的。我怕，怕，怕家信中带来不好的消息，告诉我已是失了根的花草。

以朴实的语言表达淳厚的情感，四个“怕”字，表现了“我”内心的恐惧，浅显通俗，自然流畅。

去年一年，我在家信中找不到关于老母

的起居情况。我疑虑，害怕。我想象得到，如有不幸，家中念我流亡孤苦，或不忍相告。母亲的生日是在九月，我在八月半写去祝寿的信，算计着会在寿日之前到达。信中嘱咐千万把寿日的详情写来，使我不再疑虑。十二月二十六日，由文化劳军的大会上回来，我接到家信。我不敢拆读。就寝前，我拆开信，母亲已去世一年了！

生命是母亲给我的。我之所以能长大成人，是母亲的血汗灌养的。我之所以能成为一个不十分坏的人，是母亲感化的。我的性格、习惯，是母亲传给的。她一世未曾享过一天福，临死还吃的是粗粮。唉！还说什么呢？心痛！心痛！

不识字的母亲讲不出什么大道理，但她给“我”的教育却是行动胜过言语。不是通过言传而是通过身教，母亲的品质在潜移默化地影响着“我”的习惯、性格乃至人格。

内敛深沉的老舍没有对汹涌澎湃的情感进行铺陈宣泄，而是通过对母亲家世、经历和遭遇的叙述，表达了对母亲深深的感激、怀念和愧疚的复杂感情。

阅读时要思考，作者在文中写道：“母亲并不识字，她给我的是生命的教育。”母亲有哪些高尚品德？母亲对作者进行了怎样的“生命的教育”？体会那些平实质朴的语言是如何被作者赋予了耐人寻味的深层意蕴和动人力量的。

2. 花朝节的纪念

⊙宗　璞

农历二月十二日，是百花出世的日子，为花朝节。节后十日，即农历二月二十二日，从1894年起，是先母任载坤先生的诞辰。迄今已九十九年。

母亲在民国初年进当时的女子最高学府北京女子师范学校读书。1918年，和我的父亲冯友兰先生在开封结婚。

家里有一个旧印章，刻着“叔明归于冯氏”几个字。叔明是母亲的字。以前看着不觉得怎样，父母都去世后，深深感到这印章的意义。它标志着一个家族的繁衍，一代又一代来到世上扮演各种角色，为社会做一点努力，留下了各种不同色彩的记忆。

“至高无上”还不足以表达对母亲的崇敬，“守护神”尽显母亲的光辉。

在我们家里，母亲是至高无上的守护神。

日常生活全是母亲料理。三餐茶饭，四季衣裳，孩子的教养，亲友的联系，需要多少精神！我自幼多病，如果没有母亲，很难想象我会活下来。在昆明时我严重贫血，后来索性染上肺结核休学在家。当时的治法是一天吃5个鸡蛋，晒太阳半小时。母亲特地把我的床安排到有阳光的地方，不论多忙，这半小时必在我身边，一分钟不能少。我曾由于各种原因多次发高烧，除延医服药外，母亲费尽精神护理。用小匙喂水，用凉手巾覆在额上。有一次高烧昏迷中，觉得像是在一个狭窄的洞中穿行，挤不过去，我以为自己就要死了，一抓到母亲的手，立刻知道我是在家里，我是平安的。后来我经历名目繁多的手术，人赠雅号“挨千刀的”。在挨千刀的过程中，也是母亲，一次又一次陪我奔走医院。我过了四十岁，还是觉得睡在母亲身边最心安。

母亲对父亲的关心真是无微不至，父亲对母亲的依赖也是到了极点。我们的堂姑父张岱年先生说：“冯先生做学问的条件没有人比得上。冯先生一辈子没有买过菜。”他的生活基本上是水来湿手，饭来张口。在昆明

在母亲身边的“我”最心安，父亲对母亲也依赖到了极点，可见母亲对“我”和父亲的关心照顾程度之深、付出之多。为了家庭，母亲牺牲了很多，无怨无悔地奉献，言语间我们能够感知到作者所要传达出的真切情感。

时，一次父亲患斑疹伤寒，这是当时西南联大一位校医郑大夫诊断出的病，治法是不吃饭，只喝流质，每小时一次，几天后改食半流质。母亲用里脊肉和猪肝做汤，自己擀面条，擀薄切细，下在汤里。有人见了说，就是吃冯太太做的饭，病也会好。

母亲把一切都给了这个家。其实母亲的才能绝不只限于持家。母亲毕业于当时的女子最高学府，曾任河南女子师范学校预科算术教员。她有一双外科医生的巧手，还有很高的办事能力。

20世纪50年代初至1966年，母亲做居民委员会工作，任北大燕南、燕东、燕农、镜春、朗润、蔚秀、承泽、中关八大园的主任，曾为家庭妇女们办起装订社、缝纫社等。母亲不畏辛劳，经常坐着三轮车来往于八大园间。这是在家庭以外为社会服务，她觉得很神圣，总是全心全意去做。50年代有一次选举区人民代表，不记得是哪一位曾对我说："任大姐呼声最高。"这是真正来自居民的声音。

作为居委会主任，母亲为家庭妇女举办各种社团，在八大园间奔波操劳。从居民说的话可以看出居民对母亲工作的认可，从侧面烘托出母亲工作认真，做事细心、周到，热心无私。

我心中有几幅图像，愈久愈清晰。

一幅在清华园乙所，有一间平台加出的

房间，三面皆窗，称为玻璃房。母亲常在其中办事或休息。母亲那时大概不到四十岁，身着银灰色起蓝花的纱衫，坐在房中，鬓发漆黑，肌肤雪白。常见外国油画有什么什么夫人肖像，总想怎么没有人给母亲画一幅。

另一幅在昆明乡下龙头村。静静的下午，泥屋、白木桌，母亲携我坐在桌前，为我讲解鸡兔同笼四则题。父亲从城里回来，点说这是一幅乡居课女图。

还有一幅图像便是母亲弯着腰站在欢快的流水中，费力地洗衣服，还要看着我们不要跑远，不要跌进河里。

20世纪60年代末母亲患胆结石，经常大发作，疼痛，发烧，最后不得不手术。夜里推进手术室，父亲和我在过厅里等，很久很久，看见手术室甬道那边推出一辆平车，一个护士举着输液瓶，就像一盏灯。我们知道母亲平安，仍能像灯一样给我们全家以光明，以温暖。这便是那第四幅图像了。

四幅图像如在眼前，你能为它们分别命名吗？

母亲虽然身体不好，仍是操劳家务，真没有过一天清闲的日子。她总是说：“你们专心做你们的事。”我们能专心做事，都因为有母亲，操劳一生的母亲！

1977年9月10日左右母亲忽然吐血，拍片后确诊为肺门静脉瘤。母亲的病发展很快，人常在昏迷状态。一次她忽然说："要挤水！要挤水！"我俯身问什么要挤水，母亲睁眼看我，费力地说："白菜做馅要挤水。"我的眼泪一下涌了出来，滴在母亲脸上。

母亲没有让人多伺候，不过三周便抛弃了我们。我们围在母亲床前，眼见她永远阖上了眼睛。我知道，我再不能睡在母亲身边讨得那样深的平安感了，我们的家从此再没有春天和太阳了。我们的家像一叶孤舟忽然失了掌舵的人，在茫茫大海中任意漂流。我和小弟连同父亲，都像孤儿一样不知漂向何方。

母亲犹如春天和太阳一样，给予这个家温暖与呵护，带给"我们"光明和前进的力量，情意深重，表达了全家痛失母亲的茫然与悲痛之情。

父亲为母亲撰写了一副挽联："忆昔相追随，同荣辱，共安危，期颐望齐眉，黄泉碧落君先去；从今无牵挂，斩名缰，破利锁，俯仰无愧怍，海阔天空我自飞。"母亲的骨灰盒，一直放在父亲卧室里。每年春节，父亲必率领我们上香。直到1990年初冬那凄惨的日子，父母相聚于地下。又过了一年，1991年冬我奉双亲归窆于北京万安公墓。一块大石头作为石碑，隔开了阴阳两界。

姨母任均是母亲最小的妹妹。姨父母在驻外使馆工作时，表弟妹们读住宿小学，周末假日接回我家，由母亲照管。姨母说：“三姐不只是你们一家的守护神，也是大家的贴心人。若没有三姐，那几年我真不知怎么过。亲戚们谁没有得过她关心照料？人人都让她费过心血。我们心里是明白的。”

直接引用亲朋的话语，让母亲多方面的品格真实可感。

牟决鸣先生已是很久不见了，前些时打电话来，说：“回想起在北大居住的那段日子，觉得很有意思。任大姐那时是活跃人物，她做事非常认真，总是全力以赴，而且头脑总是很清楚。”

在昆明时赵萝蕤先生和我家几次为邻居，她不止一次对我说很想念冯太太。她说在人际关系的战场上，她总是一败涂地当俘虏。可是和冯太太相处，从未感到战场问题。是母亲教她做面食，是母亲教她用布条打纽扣结，有什么事都可以向母亲倾诉。

邻居王力的夫人夏蔚霞说：“我的头生儿子缉志是你母亲接生的。当时昆明乡下缺医少药，那天王先生进城上课去了。半夜时分我遣人去请你母亲，她抱着我坐了一夜。次日缉志才出世。若没有你母亲，我和孩子会吃许多苦！”

照应文题。在作者的心目中，母亲是守护神，犹如春天爱护百花一样，用心血哺育着子女，关爱着他人，赞颂母亲的同时，尽诉怀念之情。

像春天给予百花诞辰一样，母亲用心血哺育着，接引着……

亲爱的母亲的诞辰，是花朝节后十日。

（有删节）

本文是作者怀念母亲的作品，全文笔调朴实自然。作者在文中说：“一代又一代来到世上扮演各种角色，为社会做一点努力，留下了各种不同色彩的记忆。”文中提到的母亲所“扮演”的角色都有哪些？作者叙述了关于母亲的哪些事？你能够看出作者的母亲拥有什么样的品质？

阅读时还要注意，本文与朱德写母亲、老舍写母亲的文章一样素朴，但细品又觉得情味各异，若能尝试结合具体语句品析同中有异的语言风格，说说自己的阅读体验，那么，对自己鉴赏能力的提升将大有裨益。

1. 一双长满老茧的手

⊙季羡林

有谁没有手呢？每个人都有两只手。手，已经平凡到让人不再常常感觉到它的存在了。

然而，一天黄昏，当我乘公共汽车从城里回家的时候，一双长满了老茧的手却强烈地引起了我的注意。我最初只是坐在那里，看着一张晚报。在有意无意之间，我的眼光偶尔一滑，正巧落在一位老妇人的一双长满老茧的手上。我的心立刻震动了一下，眼光不由得就顺着这双手向上看去：先看到两手之间的一个胀得圆圆的布包；然后看到一件洗得挺干净的褪了色的蓝布褂子；再往上是一张饱经风霜布满了皱纹的脸，长着一双和善慈祥的眼睛；最后是包在头上的白手巾，银丝般的白发从里面披散下来。这一切都给了我极好的印象。但是给我印象最深的还是那一双长满了老茧的手，它像吸铁石一般吸住了我的眼光。

老妇人正在同一位青年学生谈话，她谈到她是从乡下来看她在北京读书的儿子的，谈到乡下年成的好坏，谈到来到这里人生地疏，感谢青年对她的帮助。听着她的话，我不由深深地陷入回忆中，几十年的往事蓦地涌上心头。

是故乡的初秋，秋庄稼早已经熟透了，一望无际的大平原上长满了谷子、高粱、老玉米、黄豆、绿豆，等等，郁郁苍苍，一片绿色，里面点缀着一片片的金黄和星星点点的浅红和深红。虽然暑热还没有退尽，秋的气息已经弥漫大地了。

我当时只有五六岁，高粱比我的身子高一倍还多。我走进高粱地，就像是走进大森林，只能从密叶的间隙看到上面的蓝天。我天天早晨在朝露未退的时候到这里来擗高粱叶。叶子上的露水像一颗颗的珍珠，闪出淡白的光。把眼睛凑上去仔细看，竟能在里面看到自己的缩得像一粒芝麻那样小的面影，心里感到十分新鲜有趣。老玉米也比我高得多，必须踮起脚才能摘到棒子。谷子同我差不多高，现在都成熟了，风一吹，就涌起一片金浪。只有黄豆和绿豆比我矮，我走在里面，觉得很爽朗，一点也不闷气，颇有趾高气扬之概。

因此，我就最喜欢帮助大人在豆子地里干活。我当时除了跟大奶奶去玩以外，总是整天缠住母亲，她走到哪里，我跟到哪里。有时候，在做午饭以前，她到地里去摘绿豆荚，好把豆粒剥出来，拿回家去煮午饭。我也跟了来。这时候正接近中午，天高云淡，蝉声四起，蝈蝈儿也爬上高枝，纵声欢唱。空气中飘拂着一股淡淡的草香和泥土的香味。太阳晒到身上，虽然还有点热，但带给人暖烘烘的舒服的感觉，不像盛夏那样令人难以忍受了。

在这时候，我的兴致是十分高的。我跟在母亲身后，跑来跑去。捉到一只蚱蜢，要拿给她看一看；掐到一朵野花，也要拿给她看一看。棒子上长了乌霉，我觉得奇怪，一定问母亲为什么；有的豆荚生得短而粗，也要追问原因。总之，这一片豆子地就是我的乐园，我说话像百灵鸟，跑起来像羚羊，腿和嘴一刻也不停。干起活来，更是全神贯注，总想用最高的速度摘下最多的绿豆荚来。但是，一检查成绩，却未免令人气短：母亲的筐子里已经满了，而自己的呢，连一半还不到哩。在失望之余，就细心加以观察和研究。不久，我就发现，这里面也并没有什么奥妙，关键就在母亲那一双长满了老茧的手上。

这一双手看起来很粗，由于多年劳动，上面长满了老茧，可是摘起豆荚来，却显得十分灵巧迅速。这是我以前没有注意到的事情。在我小小的心灵里不禁有点困惑。我注视着它，久久不愿意把眼光移开。

我当时岁数还小，经历的事情不多。我还没能把许多同我的生活有密切联系的事情都同这一双手联系起来，譬如说做饭、洗衣服、打水、种菜、养猪、喂鸡，如此等等。我当然更没能读到“慈母手中线，游子身上衣”这样的诗句。但是，从那以后，这一双长满了老茧的手却在我的心里占据了一个重要的地位，留下了一个不可磨灭的印象。

后来大了几岁，我离开母亲，到了城里跟叔父去念书，代替母亲照顾我的生活的是王妈，她也是一位老人。

她原来也是乡下人，干了半辈子庄稼活。后来丈夫死了，儿子又逃荒到关外去，二十年来，音讯全无。她孤苦伶仃，一个人在乡里活不下去，只好到城里来谋生。我叔父就把她请到我们家里来帮忙。做饭、洗衣服、扫地、擦桌子，家里那一些琐琐碎碎的活全给她一个人包下来了。

王妈除了从早到晚干那些刻板工作以外，每年还有一些带季节性的工作。每到夏末秋初，正当夜来香开花的时候，她就搓麻线，准备纳鞋底，给我们做鞋。干这活都是在晚上。这时候，大家都吃过了晚饭，坐在院子里乘凉，在星光下，黑暗中，随意说着闲话。我仰面躺在席子上，透过海棠树的杂乱枝叶的空隙，看到夜空里眨着眼的星星。大而圆的蜘蛛网的影子隐隐约约地印在灰暗的天幕上。不时有一颗流星在天空中飞过，拖着长长的火焰尾巴，只是那么一闪，就消逝到黑暗里去。一切都是这样静。在寂静中，夜来香正散发着浓烈的香气。

这正是王妈搓麻线的时候。干这个活本来是听不到多少声音的。然而现在那揉搓的声音却听得清清楚楚。这就不能不引起我的注意了。我转过身来，侧着身子躺在那里，借着从窗子里流出来的微弱的灯光，看着她搓。最令我吃惊的是她那一双手，上面也长满了老茧。这一双手看上去拙笨得很，十个指头又短又粗，像是一些老干树枝子。但是，在这时候，它却显得异常灵巧美丽。那些杂乱无章的麻在它的摆布下，服服帖帖，要长就长，要短就短，一点也不敢违抗。这使我感到十分有趣。这一双手左旋右转，只见它搓呀搓呀，一刻也不停，仿佛想把夜来香的香气也都搓进麻线里似的。

这样一双手我是熟悉的，它同母亲的那一双手是多么相像呀。我总想多看上几眼。看着看着，不知道在什么时候，竟沉沉睡去了。到了深夜，王妈就把我抱到屋里去，同她睡在一张床上。半夜醒来，还听到她手里拿着大芭蕉扇给我赶蚊子。在朦朦胧胧中，扇子的声音听起来好像是从很远很远的地方传来似的。

去年秋天，我随着学校里的一些同志到附近乡村里一个人民公社去参加劳动。同样是秋天，但是这秋天同我五六岁时在家乡摘绿豆荚时的秋天大不一样。天仿佛特别蓝，草和泥土也仿佛特别香，人的心情当然也就特别舒畅了。——因此，我们干活都特别带劲。人民公社的同志们知道我们这一群白面书生干不了什么重活，只让我们砍老玉米秸。但是，就算是砍老玉米秸吧，我们干起来，仍然是笨手笨脚，一点也不利落。于是一位老大娘就走上前来，热心地教我们：怎样抓玉米秆，怎样下刀砍。在这时候，我注意到，她也有一双长满了老茧的手。我虽然同她素昧平生，但是她这一双手就生动地具体地说明了她的历史。我用不着再探询她的姓名、身世，还有她现在在公社所担负的职务。我看到这一双手，一想到母亲和王妈的同样的手，我对她的感情就油然而生，而且肃然起敬，再说什么别的话，似乎就是多余的了。

就这样，在公共汽车行驶声中，我的回忆围绕着一双长满了老茧的手连成一条线，从几十年前，一直牵到现在，集中到坐在我眼前的这一位老妇人的手上。这回忆像是一团丝，愈抽愈细，愈抽愈多。它甜蜜而痛苦，错乱而清晰。在我一生中给我印象最深的三双长满了老茧的手，现在似乎重叠起来化成一双手了。它在我眼前不停地晃动，体积愈来愈扩大，形象愈来愈清晰。

这时候，老妇人同青年学生似乎发生了什么争执。我抬头一看：老妇人正从包袱里掏出来了两个煮鸡蛋，硬往青年学生手里塞，青年学生无论如何也不接受。两个人你推我让，正在争执得不可开交的时候，公共汽车到了站，蓦地停住了。青年学生就扶了老妇人走下车去。我透过玻璃窗，看到青年学生用手扶着老妇人的一只胳臂，慢慢地向前走去。我久久注视着他俩逐渐消失的背影。我虽然仍坐在公共汽车上，但是我的心却仿佛离我而去。

一九六一年九月二十五日

2. 太阳香味

⊙马　汉

独居的日子一切都很自由自在，唯每年春夏之交的换季令人伤透脑筋。因为别的什么日常生活琐事都能偷懒、省略，甚至连吃饭这样最重要的生活环节，也能从简——以一两包方便面对付。遇到节假日要是没有什么大事，我能躺着光喝茶打发一整天，当然还得捧本书听听唱片什么的，我美其名曰这一偷懒法为：周期性肠胃清洗。懒有懒的理由，可在换季的问题上却没有半点偷懒的理由。江南潮湿的夏季即将来临，一切未经阳光暴晒的物件都将发霉；稍一马虎，羊毛衫、毛毯、被褥、毛料西服和大衣等会长出毛来。

凑个大晴天，翻箱倒柜把该晒的都抱上阳台，一一晾出，这下等于把心也晒在了阳台；得随时注意楼上的高邻是否晾出湿衣物滴下水来，得定时把衣物背阳的一面翻过来，得时时提防衣物别被风刮走。晒好了，还得用刷子把所有衣服刷上一遍，放上樟脑丸，该挂的挂好，该叠的叠好；最烦人的是厚厚薄薄的被褥，需费力地翻晒、拍打，最后得用绳捆紧，用塑纸包严塞到顶橱里，每每这时总忙得顾头不顾尾，大滴大滴的汗滚落下来。唉，该死的换季！

每当这时，母亲便来了。她从弟弟家过来，要换乘两趟公共汽车，又晕车。我一直难以想象瘦弱得一杆芦苇似的母亲是如何爬高落低地换车，是如何挤在车厢角落被颠得骨头都要断了似的。

又到母亲来我处收拾的日子，因家门前的马路正在翻修，禁止通行，我怕母亲不认识绕道的路径，特地早早到车站去接她。可等好几辆车，也不见下车的人群里有母亲那熟悉的身影。我站得腿酸，才决定放弃傻等。在骑车返家的路上想不到被母亲叫住了，其实母亲早就在我的眼皮底下走过，我竟没发现那自以为很熟悉的身影！看着母亲干瘦得弓起的背脊、稀薄的头发，我记不起什么时候曾仔细地端详过她……

一进门，母亲照例又以恨不能把房屋也拆下洗晒一番的气概，忙碌着拆洗被单、窗帘等一切能洗的东西，同时忘不了唠唠叨叨地说正拿在手中的物件太脏了，接着又是自言自语那句常说的话：

“衣被怎能不晒，只有太阳晒过穿在身上、盖在身上才喷喷香。”

在母亲的概念中，操持家务理所当然是女人的事，凭着这一观念，她一辈子做贤妻、做良母，我们身上穿的，碗里盛的都是母亲犯愁、费心的内容。虽然母亲在给烦琐的家务累得心烦时，也絮絮叨叨地埋怨没人能为她替一把，可一旦当我们无可奈何地要上前接手时，她又把我们打发走："好啦好啦，生姜一样的手，还是我来吧。"母亲不过是提醒我们注意，她在家远比我们上班累的事实。

母亲并非一开始就是家庭妇女的，她和父亲在一家厂工作。我幼时，母亲还不时讲起在厂的事，说她有一阵常去参加民兵集训，挎着冲锋枪排着整齐的方队参加国庆5周年的游行，有位摄影师还为母亲她们的女民兵方队拍了照。记不得我是否见到这张照片，或是后来见了别的同类照片，反正有时望着苍老的母亲，我的眼前会清晰地浮现出这张泛黄的照片：在灿烂的阳光下，母亲和她的姐妹们胸前挎着枪杆带散热孔的苏式冲锋枪，母亲微仰着脸在笑，齐耳的短发在风中飘扬着。母亲还讲起春天里和车间的姐妹们乘船去体育场晒布匹的事。那时厂里还没染整机，染过的布都要绷在两个木架上靠太阳光暴晒干燥。有次汛期船过西门桥，恰是水高流激，试了几次船都过不了桥洞，危急中母亲和姐妹们跳上桥墩，才逃过一场劫难。每次讲起这些，母亲的神情不亚于一位身经百战的老战士在回忆难忘的岁月。

母亲完全应该如同其他职业女性一样，有着自己热爱的工作，有着自己知心的小姐妹们，可这一切被突然终止了，最直接的原因是我。"大跃进"的时候我正小，白天托人照看，却常常生病，父母认定是别人照料不周所致，又连续找了几个，我还是断不了常去儿科医生那儿报到。为送我去医院，母亲请过几天假。那时父亲是省劳模，他觉得大家都在没日没夜地干，而自己的老婆却为私事请假，丢人。于是，母亲为了儿子的健康、丈夫的荣誉，索性辞了工作回家来。

母亲日益婆婆妈妈。在我静心读书或写作时，她常在一旁唠唠叨叨没完没了，惹烦了我的心，我就有了嫌烦的言语。母亲说，嫌烦你住到山顶上去。我说正是这么打算的。后来，母亲见我伏案的时候就蹑手蹑脚地再也不作声了。有几次，我半天听不见外屋的动静，心里不由一惊，探头看去，见母亲默默坐着，如一尊石雕似的一动不动。

我担心地问她，母亲宽慰地一笑，说："我没事，就坐坐。"

我才恍然记起，父亲去世后母亲顿时跌入了孤寂的境地。父亲在世时，是母亲最忠实的听众。父亲每天下班回家，照例都有母亲准备着的一小盅酒、两碟下酒小菜，外加母亲在他耳边的唠叨。父亲总是微笑着喝酒，就着菜，就着母亲的话。母亲与父亲似有说不完的话，但一直是母亲在倾诉，父亲永远是微笑着倾听，一脸的赞许让母亲大受鼓励。常常是早晨就被母亲的低低说话吵醒，已起床忙碌了一阵的母亲在忙完早饭后又回到房间来，趴在床头跟父亲轻轻地诉说。

初夏的阳光让人微微沁出汗来，母亲在铺挂满五颜六色衣物的阳台上，像在花园里修剪玫瑰的园丁一样，阳光的反光在她脸上一会儿是彤红的，一会儿又是金黄的。中午时分，母亲取消了午睡，坐在门边守望着阳台，为的是提防楼上滴下水来和衣物被风刮走。我则在读累书的时候倒下便是美美地睡一觉，醒来时母亲还守在阳台边。阳光在她的头发、脸庞边上勾勒出一圈闪亮的轮廓，一缕少了光泽的头发在轻轻飘扬，母亲原本美丽的脸已干瘪得如同风干枣子，早已没有了女民兵时的飒爽英姿。她伸出一根手指头，说在晾衣竿上戳了个刺，眼睛看不见挑了。我找来缝衣针，抓起她的手凑在阳光下挑刺。我们家是老式传统、保守的家庭，即使父母与子女之间的感情也含而不露，成人后从没与母亲靠得这么近。我屏住呼吸，小心地挑出那根埋在母亲手指中的刺。母亲压着沁出的血珠，丝丝吸气，那会儿真像一个女孩。

西风起了，满街是哗哗乱跑的落叶，行人缩着脖子匆匆赶路。我从橱柜里取出晒过的棉被，蓬蓬松松地铺了一床，钻进去裹紧了，有了一个温暖的梦巢。深深地拥在被子中间，我真的闻到了一股淡淡的香味。如同躺在打谷场的草堆上，被太阳晒得浑身发酥，鼻孔里鼓荡着干燥的气息，人便在这看不见的氤氲中慢慢飘浮起来……

3. 一个和八个

⊙张亚凌

一个人的时候，更容易走进自己的心。十年前，中风后身体不便的母亲悄然站立于我的病房外，许久，许久。十年后的今天，我同样住在医院，却没了牵挂的身影……

——题记

母亲只有我一个女儿，任性之至。而我，却有八个甚至更多的母亲。这一点，一直让我很是恼火。

啰唆的母亲。

母亲好像满心里都是不放心，好像只有把一句话泡着煮着熬着蒸着醋熘着油泼着……用尽种种方法反反复复说给我，才能进我的耳朵，才会上我的心。每每她一说话，我感觉就像无数架飞机轰隆隆从头顶飞过，她说过的话，更多的，还没有抵达我的耳朵就跌落了。是的，纷纷跌落在我的脚边，我不怀好意地使劲用脚踢踢，心里恨恨地想：我让你再啰唆，我怎么这么倒霉，跟无比啰唆的你成为母女！

固执的母亲。

母亲是一根筋，自己想的似乎谁也改变不了。母亲不相信她生的宝贝女儿手脚不协调，打死也不信。比如为了让我学会跳绳，母亲一有空就把绳子的一头绑在树上，自己抡着让我跳。总是被套死，总是被绳子打着，母亲总是不甘心。以至于我一见母亲拿绳，拔腿就跑，我才不想学什么跳绳。只有我能打破母亲的固执，哪怕她的固执像钢板一样坚不可摧，对我，照旧形同虚设。

窝囊的母亲。

我很讨厌窝囊的母亲，我认为那是没正性的表现。别人曾让贫穷中的她很难堪，她原本可以以牙还牙甚至更狠，可她总是宁把自己拔高来一笑泯恩仇。理由竟然是“你跟人家孩子都在一个班上学了，大人还能计较啥”，可笑。上次人家说话过头伤害了她，下次求她帮忙，还是会痛快答应。她似乎不敢得罪任何人。

瞎操心的母亲。

她从来不知道应该操什么心不该操什么心。一见我的同学，就满脸堆笑，就讨好般给人家娃塞点好吃的，连声说，“跟我家妮儿好好玩，不要闹矛盾”……好像我就是个窝囊废，就等着别人来欺负。在她眼里，遇人都是小心翼翼，好像每个人都可能与我有关系，决定我的什么一般。

还有那个凡事想当然的母亲，神经质的母亲，迷信的母亲，忙得直不起腰的母亲，想打我却打了自己的母亲，身体不便还努力给我帮忙结果越帮越忙的母亲……从小到大，好像有无数个母亲围着我团团转，让我很烦很烦，让我无处躲避，让我悲愤到吼着“人家一个妈我就八个妈”。我说“八”时，恨不得吼破自己的喉咙，将她划拉到九霄云外！

我再烦再吼，她都静静地看着我。等我平静下来了，她屡教不改，继续我行我素。

直到有一天，我猛然回首，才发现，一个母亲都没了。一个，都不曾留下陪我，都走了。

为什么一来就是很多母亲，要走，一个都不愿意留下？为什么全世界都向我敞开，唯独母亲彻底拒绝了我？为什么所有的母亲，都只浓缩成了一帧遗照？

此刻才明白，努力奋斗可以得到很多，唯独不能再见母亲一面。当我再次躺在病床上，才发现，没有了母亲，我就不再是金贵的女儿，只是个可怜的病人。

是的，此刻的我正躺在病床上，才发现，自己也成了很多自己：蠢笨的自己，不识好歹的自己，白眼狼的自己，懊恼的自己，自责的自己，追悔莫及的自己，悲伤的自己，痛不欲生的自己……所有的自己都令我无比讨厌！

母亲走后，我也成了八个，甚至，更多。

4. 母亲和那口老掉的井

⊙谢　云

入夏后，一个多月时间，持续艳阳，持续高温，滴雨未落。母亲从老家来信，说“天干得很”，苞谷蔫了，树叶萎了，村前那条河，断流了，连屋后那口井，也快没水了。

那井，就在我家屋后，这些年来，一直被我深情眷念着，清澈、甘洌、幽深，仿佛将永远长流。而现在，它居然就这样老了。我忽然想不起下面该有什么内容，我只是莫名地想到在乡下奔波操劳的母亲。然而，父亲上次来我这里时说过：“你母亲这两年，又老了一大截，头发也白了许多。”

记忆中，母亲的长发乌黑，柔软，油亮，光洁。母亲每次洗头，都是蹲在井边，用一大盆水，将头发漂着，用皂角荚浸润。这让我总禁不住想象，在那些岁月里，这该是怎样一种风景：黑发披垂下来，该是多么闪亮的瀑布，而当它们飘扬，也该是微风柔柔拂过湖面的感觉吧。

然而，自几个妹妹依次出世后，母亲就不再蓄发了。她剪了便于梳洗的短发。早晨起来，只是用手蘸水，略微抿抿。贫困，劳累，鸡鸭猪狗的忙乱，养儿育女的繁杂，使她早早告别了年轻和爱美的心境。母亲只是默默奔忙，像深井一样沉默。

近年来，母亲常说，她眼涩了，手钝了，缝东西时，穿针都很困难了。而我记得，母亲的针线活，是全村最出色的。无论她缝制的衣服，还是衣服上打的补丁，都会惹得别人夸赞。可是现在，她却连穿针引线，都感到困难了。

“本来想给孙娃做两双鞋的，眼睛看不清了。”母亲声音里，有些无奈。

我听了，鼻子酸酸的，眼睛涩涩的，直想哭。为母亲的苍老，也为自己的粗心。数十年如一日，母亲一直辛苦奔波劳累，一直为我们提供着温暖和关爱。那样的自然而然，让我们一点儿也没觉察到，她会一年比一年老：她的皱纹，会一年比一年密；她的头发，会一年比一年白。

就像那口沉默在屋后的井。那井水，一直那么清澈、纯净，一直那么源源不断，让我们从没想到，它也会有枯竭的一天，也会有再不能让我们汲饮的一天。

或者，对我们而言，母亲就是那不停地供我们汲饮、滋润着我们心田的一眼井。

（有删节）

单元学习任务

任务一

本单元选取的都是回忆母亲的文章，作者们都善于从生活中撷取典型事件刻画母亲。请阅读下表中的文章，对不同作家所选择的典型事件和不同母亲的精神品格进行梳理。

篇目	典型事件	母亲的精神品格
我的母亲		
太阳香味		
一个和八个		

任务二

《一双长满老茧的手》中描写了四双长满了老茧的手，这四双手写满了沧桑、辛苦、善良与责任。请针对文中的细节描写做批注，深入理解作者于细微之处流露的真情。《花朝节的纪念》《母亲和那口老掉的井》中也有不少值得玩味的细节描写，请你读后做些赏析批注吧。

大师风采

仰望历史的星空，大师们像一颗颗璀璨的星星，在夜空中闪闪发光，让美丽的星空更加璀璨夺目。他们都是自己所在领域的泰山北斗，描摹着一个时代的隽永。让我们怀着淡泊宁静的心情，从容地走近大师，漫步在他们的精神家园；让我们追寻大师的足迹，聆听智者的心声。就让文字负载着大师们的思想，穿越时空的隧道，进入我们的心灵，滋润我们精神的绿洲。

阅读本单元文章，要揣摩精彩语句，品味比喻、夸张等修辞手法的表达效果，体会运用欲扬先抑、从不同角度蓄势、正侧面描写相结合等方法刻画人物带给读者的触动和震撼。

1. 住在鞋匠家里的男人

⊙〔奥地利〕茨威格

瑞士，这个小小的和平之岛，当世界大战的战火在其他地方燎原之际，这里却在1915年、1916年、1917年、1918年接连四年的时间里上演着惊心动魄的侦探小说般的情景。在豪华酒店里，敌对国派遣的使节像相互间从未认识过一样，冷漠地从各自身边走过，而一年前，这些人还一起友好地打过桥牌，相互邀请对方到自己家里做客。而他们的房间里不时闪过一群群讳莫如深的人的身影。议员们、秘书们、随员们、商人们、看得清和看不清脸庞的女士们，每个人都身负秘密任务。酒店前面，经常开来插有外国国旗的豪华轿车，从车上走下来的有商人、记者、著名艺术家，以及看起来像是享受度假的游人。但几乎所有人都有着相同的任务：那就是尽力得知些消息，发现些什么，即使是那些引导客人进入房间的看门人，还有那些打扫房间的女服务员也不例外，他们也被迫去观察和监视一切。各种各样的组织到处在与其他组织做斗争，在旅馆里，在民宿里，在邮局，在咖啡馆。

而那些名义上的宣传活动，实际上有一半是间谍行动；那些宣称出于爱的举动，实则为背叛；那些匆忙到达的人进行的每一项公开生意背后，可能都隐藏着第二个或第三个交易。这里的一切都有人在报告，一切都处于被监视中；如果一个拥有不知名头衔的德国人刚踏入苏黎世范围，敌对国驻伯尔尼的大使馆就会马上知道这个消息，一个小时之后，驻巴黎大使馆也会得知。大大小小的机构将满满记录着真实和虚构消息的整份文卷日复一日地寄往随员办公室，接着，随员们会将消息传达给下一个机构。电话被监听，所有墙壁变得像玻璃一样透明；每份从纸篓里找出的信件和吸墨水纸都会被重新拼凑起来以获得信息。最后，这场乌烟瘴气的行动变得十分精彩：许多人都不再知道，自己究竟是什么身份，是追捕人还是被追捕的人？是间谍还是反间谍？是被告密人还是告密人？

在那些日子里，只有一个人，很少有关于他的消息，或许是因为他太不引人注目了，从来没有在享有特殊待遇的酒店里投宿过，从来没有去过咖啡馆，也从来不出席任何宣传活动，而是和他的妻子完全隐退，居住在修鞋匠家里。就在利马特河后面的那条狭窄、古老、地面磨得光滑如镜的小巷里，他在一座房子的二楼安身，这座房子和老城里的其他房子一样，是座筑造坚固的拱顶屋，房子墙壁被熏黑，一部分原因是年代久远，另一部分原因则是楼下院子里小小的香肠制造厂。他的邻居有一个面包师的妻子、一个意大利人、一个奥地利演员。由于他并不十分健谈，房子里的邻居除了知道他是个俄国人和名字不易发音以外，对他就没什么更多的了解了。许多年前，他从自己的祖国逃了出来，没有什么财产，也从未做过什么大的买卖，对女主人来讲，最容易从他们寒酸的饮食和破旧的衣服看出这一点，两个人所有的家产恐怕都填不满他们当初搬进来时带的那只篮子。

这个矮小的男人是如此不起眼，他的生活也是尽可能地不引人注目。他回避一切社交活动，房子里的人很少能看到他那双散发着敏锐深沉目光的细长眼睛，也很少有客人来拜访他。但他也有自己规律的活动：每天上午9点，他都会离开家去图书馆，在那里坐到图书馆中午12点关门。12点10分整，他会准时回到家，12点50分，他又会准时离开家，以便第一个到达图书馆，一直坐在那里，直到图书馆晚上6点关门。那时，新闻机构只关注那些经常发表言论的人，而他们不知道，恰恰总是那些读了很多东西、学了很多东西的孤独的人，往往是世界革命化进程中最危险的人。因此，那些新闻机构也就没有写过关于这个不起眼的、住在修鞋匠家里的男人的报道。另一方面，社会主义圈子里的人却知道他，他曾经在伦敦做过编辑，供职于一家小规模的关于俄国移民的激进杂志，在彼得堡，他是某一个讲不出的特殊政党的领导人；但由于他曾对最受社会主义政党尊崇的人发表过严厉而鄙视的言论，并将他们的理论斥为虚假理论，而他的性格又不易让人接近，完全不友好，人们也就没有对他给予过多关注。有时晚上他也会在无产者出没的咖啡馆召开集会，但最多只有15到20个人参加，其中大部分是青少年。因此，人们也就把这个怪癖的人认作同所有俄国流亡者一样，喝很多茶，通过无休止的讨论聊天使自己头脑发热。没有人把这个矮小的、面容严肃的男人当回事。在苏黎世，那些认为记住这个住在修鞋匠家里的人的名字——弗拉基米尔·伊里奇·乌里扬诺夫——是重要的事的人，不足30个。所以，在那些飞快穿梭于各大使馆间的豪华汽车中，如果有一辆车偶然在大街上撞死了这个人，世界也就不会知道他是谁了，既不会知道他是乌里扬诺夫，也不会知道他是列宁。

（梁锡江/译）

列宁名言精选

书籍是巨大的力量。

偏见比无知离真理更远。

判断一个人，不是根据他自己的表白或对自己的看法，而是根据他的行动。

要向大目标走去，就得从小目标开始。

贻误时机或张皇失措，就等于丧失一切。

2. 幕府生活

⊙冯　至

杜甫回到成都的草堂，推开堂门，满地野鼠奔窜，打开书卷，里边是些干死的壁鱼，水槛和药栏也都倾斜破毁，是一片没有主人的荒凉景象。但人事方面，并不是那样荒凉：

旧犬喜我归，低徊入衣裾。

邻舍喜我归，酤酒携葫芦。

大官（指严武）喜我来，遣骑问所须。

城郭喜我来，宾客隘村墟。（《草堂》）

草堂经过一年零九个月的沉寂，忽然又活跃起来，有了生气。

他在浣花溪畔，棕下凿井，竹旁开渠，把草堂重新修理一番。在这晚春初夏的时节，鸥鸟在水上漂浮，燕子在风中飞舞，晴丝冉冉，细草纤纤，和两年前没有什么不同，可是杜甫又经过一次流亡，他体验面前的事物更深入了一层。他看见门前的四棵小松，如今长得有一人多高，他向它们说：

会看根不拔，莫计枝凋伤。（《四松》）

他向草堂旁的五棵桃树说：

高秋总馈贫人实，来岁还舒满眼花。（《题桃树》）

他向倾斜的水槛说：

既殊大厦倾，可以一木支。

临川视万里，何必栏槛为？（《水槛》）

这都是些平凡的道理，但只有这时的杜甫才能说得出来，并且他的胸怀也随着面前的景色扩张到千万里外：

两个黄鹂鸣翠柳，一行白鹭上青天。

窗含西岭千秋雪，门泊东吴万里船。（《绝句》）

他本想和从前一样，在草堂里住下去，过他耕种的生活，但是没有多久，他就投入一个与这生活完全相反的环境里。严武是始终都希望杜甫出来做官的：762年春他第一次任成都尹时，就写诗劝杜甫不要以为自己会写诗作赋，便看不起官吏们戴的“鵕䴊[①]冠”；后来严武到了长安，又推荐杜甫为京兆功曹；这回再来成都，得到政府更多的信任，他更不肯让杜甫在浣花溪上过清闲的生活了。他在六月荐杜甫为节度使署中的参谋、检校工部员外郎、赐绯鱼袋。一般人看来，这对于杜甫可以说是一个很大的帮助，杜甫也就不得不离开草堂，迁入成都节度使署中。严武在这时整顿军容，试用新旗帜，训练武士，力图恢复沦陷吐蕃的松、维、保三州。他在早秋七月，率兵西征，写《军城早秋》绝

---

① 鵕䴊（jùn yí）：古籍中记载的一种鸟，似山鸡而小冠，背毛黄，腹下赤，项绿色，其尾毛红赤。

句，杜甫也用绝句相和。九月打败吐蕃七万，克当狗城（四川理县东南），收盐川城（甘肃漳县西北），又命汉州刺史崔旰（即崔宁）在西山追击吐蕃，扩地数百里。所以后来杜甫在《八哀诗》里这样推崇严武：

公来雪山重，公去雪山轻。

严武能诗善战，败吐蕃，收复失地，挽回西陲的颓势；他立下大的功业，对杜甫却小心关怀。晚秋时，吐蕃已破，杜甫在他的幕中和他一起在北池眺望，观《岷山沲江画图》，彼此分韵赋诗，歌咏阶下的新松、宅内的绿竹，由此可见二人交谊的密切。杜甫在这时还写了《东西两川说》，论到边疆上的许多问题。

唐代幕府的生活是很严格的。每天都是天刚亮了便入府办公，夜晚才能出来；杜甫因为家在城外，便长期住在府中。不但生活呆板，西川节度使署里的人事也很复杂。那里的文武官员因为中原变乱，无法生存，西蜀可以勉强维持生计，所以彼此都勾结阿谀，保全自己的地位。杜甫这时已经五十三岁，满头白发，穿着狭窄的军衣，在幕府里与些互相猜疑、互相攻击的幕僚周旋，心里充塞了难言的忧郁。他在《莫相疑行》里说：

晚将末契托年少，当面输心背面笑。

寄谢悠悠世上儿，不争好恶莫相疑。（《莫相疑行》）

在极痛苦的时刻他想到孔雀不免被辱，历史上多少伟大人物也难免受困，因此勉强自慰，他向自己说，不要尽怪那些幕僚，诸葛亮写过《贵和篇》，是值得学习的，况且——

丈夫垂名动万年，记忆细故非高贤。（《赤霄行》）

他一方面拘于幕府的规条，过着呆板的生活；另一方面，又被幕僚嫉妒，受他们的攻击，同时他的身体也渐渐难以支持了。他早年就有肺病、疟疾，这时又添了一个新病：风痹。在办公室里坐久了，四肢会感到麻痹。他在寂静的夜半，独自住在府中，听着长夜不断的角声，望着中天月色，写出来一首悲凉的七律：

清秋幕府井梧寒，独宿江城蜡炬残。

永夜角声悲自语，中天月色好谁看？

风尘荏苒音书绝，关塞萧条行路难。

已忍伶俜十年事，强移栖息一枝安。（《宿府》）

这景况他是难以担当下去的。所以他一再写诗给严武，请求解除他幕府中的职务，让他回到草堂，去过农人的生活；到了次年正月三日，严武终于答应了他的请求。

在这以前，他也曾短期请假回村，写过几首秋诗；如今归来，正当初春，他好像没有预感到他不久就会离开草堂，于是又起始修葺茅屋，预备长期住下去。

在草堂和幕府两种极不相同的生活中间，也就是在农田耕作和与幕僚相周旋的中间，他个人的心情充满了悲愤。在764年，据户部的统计，全国经过十年的丧乱，人口只剩下一千六百九十余万，比天宝十三载唐代人口的最盛时减少了十分之七！所以杜甫在送友人唐诫往东京的诗里说：

萧条四海内，人少豺虎多。

少人慎莫投，多虎信所过。

饥有易子食，兽犹畏虞罗。

（《别唐十五诫因寄礼部贾侍郎》）

太子舍人张某从西北来，赠给他一领珍贵的毛毯，上边织着汹涌的风涛，中间有掉尾的鲸鱼，此外还有许多不知名的水族。他把这贵重的赠品接到手里，展阅许久，觉得不是他这样的人所能享用的，最后又珍重卷起，退还客人，才觉得心地和平，因为——

叹息当路子，干戈尚纵横。

掌握有权柄，衣马自肥轻。

…………

皆闻黄金多，坐见悔吝生。

奈何田舍翁，受此厚贶情。

（《太子张舍人遗织成褥段》）

这时，名画家曹霸也流落成都，他在开元时代曾在南薰殿里重摹唐太宗时代的功臣，给唐玄宗爱好的玉花骢写生。如今流落民间，他描画的对象转为一般寻常的人民，因此反而受俗人们的轻视。杜甫同情他的遭遇，写成有名的《丹青引》，这首长歌是这样结束的：

途穷反遭俗眼白，世上未有如公贫。

但看古来盛名下，终日坎壈缠其身。

他又在《忆昔》诗中想到开元的全盛时代，仓廪丰实，路无豺虎，天下的朋友都胶漆一般地契合，现在一匹绢要卖万钱，田野流血，洛阳宫殿和西京宗庙都烧毁一空，他虽然希望代宗能够中兴，但他自己却“洒血江汉身衰疾”！

安史之乱使唐代的社会经济起了很大的变化，给唐代的诗歌也划了一个界限；时代的转变在杜甫的诗里留下深刻的痕迹，而朋友不断的丧亡也使杜甫觉得这界限一天比一天鲜明。王维、李白、房琯诸人的死在前两章①里都已提到。到了764年，郑虔死于台州，苏源明饿死长安，杜甫得到这两个消息，写出沉痛的《哭台州郑司户苏少监》，他放眼看一看当时的文艺界，深切地感到——

豪俊何人在？文章扫地无。

同时他又反顾他自己的处境，是——

疟病餐巴水，疮痍老蜀都。

飘零迷哭处，天地日榛芜。

765年正月，高适也在长安死去了，杜甫作诗哀悼：

独步诗名在，只令故旧伤。（《闻高常侍亡》）

杜甫在梓州时，已经感到朋友零落，想往江南或回故乡，若没有严武的召请，他是不会再来成都的。如今再来成都，在幕府里周旋了几个月，受尽苦楚，好容易能够回到草堂，本想耕劳自给，过他所愿意过的生活，不料当他在美好的春日伐竹除草、修

① 本文选自冯至所著《杜甫传》，此处“前两章”指这本书中的内容。

理茅屋时，严武在四月里忽然死去了。严武一死，使杜甫在成都失却凭依，他不能不在五月率领家人离开草堂，乘舟东下。临行时写了这样一首诗：

五载客蜀郡，一年居梓州。
如何关塞阻，转作潇湘游。
世事已黄发，残生随白鸥。
安危大臣在，不[①]必泪长流。（《去蜀》）

杜甫自从760年春在浣花溪畔建筑草堂到这时只有五年半的岁月，再减去梓州、阆州的一年又九个月，他在草堂的居留还不满四年，但他却使这一片地方成为中国文学史上的一块圣地。从这里产生了不少的传说，据说每逢四月十八日，成都的住民都到草堂游览，年年在那天都是晴天，从来遇不到下雨的天气。并且浣花溪水也是那样净洁，后来女诗人薛涛（？—832）用这里的水制造出各种颜色的笺纸。此外，唐代成都的街坊祠庙如锦里、石笋街、果园坊、石镜、琴台、先主庙、武侯祠……也都由于杜甫的歌咏垂名后世。

---

① 不：一作“何”。

3. 梅兰芳（节选）

⊙〔挪威〕诺达尔·格里格

那迪内领我去看中国最伟大的戏剧表演家梅兰芳的演出。

…………

现在已经十二点钟了，我们在戏院坐了将近五个钟头。

梅兰芳在哪儿呢？

这五个钟头里没有一分钟幕间休息，那面烦人的大鼓只要一遇到事情就像打雷般地敲响。而二根弦的中国小提琴像条红线一样整个晚上都粘在人的神经上。这出戏完了是那出戏。像这样呆坐着一出接一出没完没了地看戏，真是一种叫人肉体上受不了的疲劳战。

他究竟怎么回事？

清晨四点钟，梅兰芳终于来了。

那迪内已经向我解释过：梅兰芳是那么伟大，以至他的心情好坏也成了观众的喜恶。观众们通宵达旦，翘首以待地一直坐等到他天亮出场，这证明了他是了不起的、受人爱戴的。这样，用中国话来说，他就有了“面子”。

挣得“面子”是人生中所能得到的最大的欣慰和礼遇，而反过来说，丢“面子”则是同等程度的奇耻大辱。

现在梅兰芳挣得了面子！

可是，他得到的是一张张灰白的、慵倦的、睡眼惺忪的脸。武戏、滑稽戏、对白戏、音乐歌唱戏，我们坐在剧院的九个小时里都看遍了。剧院外面天已经蒙蒙亮，顶楼花厅窗户已经变为绛紫色。

可是梅兰芳一出场，所有人的疲容立时一扫而光，人人脸上露出了抖擞的精神和充满了刚刚迸发出来的期望。大家都坐得像蜡烛一般笔直，眼睛是年轻的、炯炯有神的。

就像一团裹在白色绸缎里的絮云，梅兰芳轻轻柔柔地出现在舞台上。人们看不清楚他做了什么动作，仿佛他没有挪动脚步人已经袅袅娜娜地飘荡过来，仿佛他的双手徐徐卷舒出一层朦胧的轻纱。

他抬起了手臂，连一个外国人，一个对此道一窍不通的门外汉都可以看出来，他的这个动作美极了，姿势既优雅又端庄。就在这个时候，整个剧场像点燃了熊熊的火焰。观众们站立起来，他们高声呼喊：“好！”“好啊！”观众们为能一饱眼福而欣喜若狂。他们准确地知道这个抬起手臂的动作是多么优美，多么难得！

梅兰芳演的那出戏，也是唯一的一出我过去所知道的戏。那就是《西厢记》。一位久居北京的才华超群的学者文申茨·胡恩德豪生曾经了不起地将它译成了德文。

剧情大致是这样的：一个贫穷的年轻学生张君瑞投宿于一所寺院。同一天晚上，从京城来的一位大臣的遗孀和她的美丽女儿苹苹[①]也在寺里过夜。那所寺庙深夜被强盗所围。不过强盗头目答应，只要把苹苹献出来，便可以饶所有其他人的性命。惊惶失措之际，母亲许下诺言：有人能够拯救她的女儿，使她免遭耻辱的话，就可以娶她为妻。挺身而出的当然是张君瑞，他已经爱上了她，而她也对他一见钟情。他给驻扎在附近的一位将军写了一封深思熟虑、文笔好得非凡的书信。将军及时赶到了寺院。苹苹得救了。那位年轻的学生将要得到自己的心上人。所有一切都预兆着一个美满的结尾。可是戏剧从这里才铺开。

在那位心术不正的母亲的眼里，一个游学在外的学生配不上她的女儿，她使了个计谋自食其言。张君瑞一气成病，郁怨孤寂地盘桓在寺院的客房，也就是西厢房里。他发了高烧，在病榻上辗转反侧，不能入寐。

可是一轮皎洁的明月映照着寺院！淡淡的清辉投洒在高大的圆柱之间，分外地令人销魂和勾人悲思。那个年轻人恍惚之中似乎看到自己心上人变成了朦胧迷人的、似真似假的月光，飘然而至。这就是梅兰芳的演技，来的不是苹苹，不是一个女郎，而是中国之夜的迷人的月光！这个心上人充满了温柔和疼爱，在他的面前徘徊。她的脸部表情、声调和音韵都倾吐出对他的脉脉柔

① 苹苹：应为莺莺，即《西厢记》中的崔莺莺。

情。他将信将疑地挣扎着抬起身来，向地板上骤然腾起和正在逼近的这团光焰四射、响声隆隆的爱情之火迎了过去。还有海誓山盟！苹苹歌唱了不可思议的爱情之夜，她怯生生地朝他移动了身躯。月亮洒下了光芒，洒下了光芒。他竖起身来朝她伸出双臂。

那团爱情的烈焰陡然冷却冻结了。它变得暗淡无光了，对那个病人冷漠相待了。惨白的月光把它的讥讪的光芒无情地洒落在西厢里。

苹苹从他双臂中滑走。她义正词严地斥责他，向他吐出一连串冷酷无情的字眼：这个微不足道的学生是什么人，胆敢正眼盯着她看？

他又一头倒在枕头上，只有他那双呆滞失神的眼睛怔怔地望着那团美丽而冷若冰霜的、难以理喻的寒冷月光在房间里移来晃去。那个白色的、像云雾轻烟一般缥缈的人心中的严峻无情软化下来了，不再将他拒于千里之外，不再像严霜一样使他冻僵，而是含羞答答的，做了一连串动作。她的轻盈温柔的歌喉又使得火焰复燃起来。如同被神奇的魔法感召，他的双眼发出了火花，脸上泛起了炽热的光泽。

梅兰芳演的这出戏描述了一个既有相思成疾，又有爱情追求的月夜。在他的千姿百态的表演里闪烁着神奇的光彩，忽而是倾吐爱情的温柔，忽而是反唇相讥，忽而是冷漠无情；像是游移在寒夜中捉摸不住的星星磷火，像是碧绿似冰的晶莹美玉，像是纯洁无瑕的坚硬大理石，像是金星迸溅的爱情流火，月亮和梅兰芳就这样交相辉映着……

不过外面太阳升得老高。我们走出剧院，驱车经过行人川流不息的街道时，已经是骄阳似火的大白天了。

同一天，我们被邀请去拜访那位伟大的戏剧表演家。

他住在一座精致而古老的公馆里。那幢房子里还容纳着一所戏剧学校。我们听到正在练习嗓子的小男孩用假声发出来的高声尖叫，看到他们练习杂技动作。这些学生要经受一段令人难以忍受的艰苦生活。

梅兰芳是一个如女性一样温柔的、脸上挂着可爱的笑容的年轻男子。他的身上散发出一种瓷娃娃般的雍容高雅。

他的英语讲得很不流利，不过他的汉语真是悦耳动听。

“他一开口讲话就像莺歌燕语。”充当翻译的那迪内说道。

他一下子提到了易卜生。

“易卜生是伟大的，易卜生是不朽的。”他谦恭有礼地表示敬意，“我拜读过他的作品。”

他继续说道：

“他描写了你们的所有想法和言行，不是吗？你们自己的状况，自己的问题……你们的戏剧令人非常感兴趣。”

“请问您能否明确说一下我们的戏剧和中国的戏剧之间有什么不同？”我问道。

“在中国，”梅兰芳解释说，“我们有这么句话：世间最大者莫过于舞台。我们在世间日常所经历不到的喜怒哀乐可以在这里见到。我们在这里可以领略到梦幻和美的意境。”

“在舞台上，我们可以看到帝王专一的爱情，其实生活中并没有那样的爱情。我们可以听到最逗人乐的又没什么含意的玩笑打趣。”

“我们的戏剧就是这样的……”

洪亮好听、吐字轻柔的嗓音在这夏日的下午萦绕不断。他四周的一切都散发出梦幻和美的意境。

这里充满了北京的诗情画意：闪闪发亮的、青绿色的、寺庙般的屋顶从院墙上露出它弯弯的飞檐。古老的银杏树在花园里吐蕊怒放。一片洁白的、芬芳的花瓣缓缓飘下，落在我们面前的滟滟绿水里，一条朱红色的小金鱼游过来用嘴吻它。

“易卜生是伟大的。”梅兰芳尊敬地重复一遍……

（斯文/译）

4. 老舍先生

⊙汪曾祺

北京东城迺兹府丰富胡同有一座小院。走进这座小院，就觉得特别安静，异常豁亮。这院子似乎经常布满阳光。院里有两棵不大的柿子树（现在大概已经很大了），到处是花，院里、廊下、屋里，摆得满满的。按季更换，都长得很精神，很滋润，叶子很绿，花开得很旺。这些花都是老舍先生和夫人胡絜青亲自莳弄的。天气晴和，他们把这些花一盆一盆抬到院子里，一身热汗。刮风下雨，又一盆一盆抬进屋，又是一身热汗。老舍先生曾说："花在人养。"老舍先生爱花，真是到了爱花成性的地步，不是可有可无的了。汤显祖曾说他的词曲"俊得江山助"，老舍先生的文章也可以说是"俊得花枝助"。叶浅予曾用白描为老舍先生画像，四面都是花，老舍先生坐在百花丛中的藤椅里，微仰着头，意态悠远。这张画不是写实，意思恰好。

客人被让进了北屋当中的客厅，老舍先生就从西边的一间屋子走出来。这是老舍先生的书房兼卧室，里面陈设很简单，一桌、一椅、一榻。老舍先生腰不好，习惯睡硬床。老舍先生是文雅的、彬彬有礼的。他的握手是轻轻的，但是很亲切。茶已经沏出色了，老舍先生执壶为客人倒茶。据我的印象，老舍先生总是自己给客人倒茶的。

老舍先生爱喝茶，喝得很勤，而且很酽。他曾告诉我，到莫斯科去开会，旅馆里倒是为他特备了一只暖壶。可是他沏了茶，刚喝了几口，一转眼，服务员就给倒了。“他们不知道，中国人是一天到晚喝茶的！”

有时候，老舍先生正在工作，请客人稍候，你也不会觉得闷得慌。你可以看看花。如果是夏天，就可以闻到一阵一阵香白杏的甜香味儿。一大盘香白杏放在条案上，那是专门为了闻香而摆设的。你还可以站起来看看西壁上挂的画。

老舍先生藏画甚富，大都是精品。所藏齐白石的画可谓“绝品”。壁上所挂的画是时常更换的。挂的时间较久的，是白石老人应老舍点题而画的四幅屏。其中一幅是很多人在文章里提到过的“蛙声十里出山泉”。“蛙声”如何画？白石老人只画了一脉活泼的流泉，两旁是乌黑的石崖，画的下端画了几只摆尾的蝌蚪。画刚刚裱起来时，我上老舍先生家去，老舍先生对白石老人的设想赞叹不止。

老舍先生极其爱重齐白石，谈起来总是充满感情。我所知道的一点白石老人的逸事，大都是从老舍先生那里听来的。老舍先生谈这四幅里原来点的题有一句是苏曼殊的诗（是哪一句我忘记了），要求画卷心的芭蕉。老人踌躇了很久，终于没有应命，因为他想不起芭蕉的心是左旋还是右旋的了，不能胡画。老舍先生说：“老人是认真的。”白石老人家里人口很多，每天煮饭的米都是老人亲自量，用一个香烟罐头。“一下、两下、三下……行了！”——“再添一点，再添一点！”——“吃那么多呀！”有人曾提出把老人接出来住，这么大岁数了，不要再操心这样的家庭琐事。老舍先生知道了，给拦了，说：“别！他这么着惯了。不叫他干这些，他就活不成了。”老舍先生的意见表现了他对人的理解，对一个人生活习惯的尊重，同时也表现了对白石老人真正的关怀。

每年，老舍先生要把市文联的同人约到家里聚两次。一次是菊花开的时候，赏菊；一次是他的生日，——我记得是腊月二十三。酒菜丰盛，而有特点。酒是“敞开供应”，愿意喝什么喝什么，能喝多少喝多少。有一次，他很郑重地拿出一瓶葡萄酒，说是毛主席送来的，让大家都喝一点。菜是老舍先生亲自掂配的。老舍先生有意叫大家尝尝地道的北京风味。我记得有次有一瓷钵芝麻酱炖黄花鱼。这道菜我从未吃过，以后也再没有吃过。老舍家的芥末墩是我吃过的最好的芥末墩！有一年，他特意订了两大盒“盒子菜”。直径三尺许的朱红扁圆漆盒，里面分开若干格，装的不过是火腿、腊鸭、小肚、口条之类的切片，但都很精致。熬白菜端上来了，老舍先生举起筷子：“来来来！这才是真正的好东西！”

老舍先生对他下面的干部很了解，也很爱护。当时市文联的干部不多，老舍先生对每个人都相当清楚。他不看干部的档案，也从不找人“个别谈话”，只是从平常的谈吐中就了解一个人的水平和才气，那是比看档案要准确得多的。老舍先生爱才，对有才华的青年，常常在各种场合称道，“平生不解藏人善，到处逢人说项斯”。而且所用的语言在有些人听起来是有点过甚其词、不留余地的。老舍先生不是那种惯说模棱两可、含糊其词、温暾水一样的官话的人。我在市文联几年，始终感到领导我们的是一位作家。他和我们的关系是前辈与后辈的关系，不是上下级关系。老舍先生这样“作家领导”的作风在市文联留下很好的影响，大家都平等相处，开诚布公，说话很少顾虑，都有点书生气、书卷气。他的这种领导风格，正是我们今天很多文化单位的领导所缺少的。

老舍先生是市文联的主席，自然也要处理一些“公务”，看文件、开会、做报告（也是由别人起草的）……但是作为一个北京市文化工作的负责人，他常常想一些别人没有想到或想不到的问题。

北京解放前有一些盲艺人，他们沿街卖艺，有时还兼带算命，生活很苦。他们的“玩意儿”和睁眼的艺人不全一样。老舍先生和一些盲艺人熟识，提议把这些盲艺人组织起来，使他们的生活有出路，别让他们的“玩意儿”绝了。为了引起各方面的重视，他把盲艺人请到市文联演唱了一次。老舍先生亲自主持，做了介绍，还特烦两位老艺人翟少平、王秀卿唱了一段《当皮箱》。这是一个喜剧性的牌子曲，里面有一个人物是当铺的掌柜，说山西话，有一个牌子叫“鹦哥调”，句尾的和声用喉舌做出有点像母猪拱食的声音，很特别，很逗。这个段子和这个牌子，是睁眼艺人没有的。老舍先生那天显得很兴奋。

北京有一座智化寺，寺里的和尚做法事和别的庙里的不一样，演奏音乐。他们演奏的乐调不同凡响，很古。所用乐谱别人不能识，记谱的符号不是工尺，而是一些奇奇怪怪的笔道。乐器倒也和现在常见的差不多，但主要的乐器却是管。据说这是唐代的“燕乐”。中华人民共和国成立后，寺里的和尚多半已经各谋生计了，但还能集拢在一起。老舍先生把他们请来，演奏了一次。音乐界的同志对这堂活着的古乐都很感兴趣。老舍先生为此也感到很兴奋。

《当皮箱》和“燕乐”的下文如何，我就不知道了。

老舍先生是历届北京市人民代表。当人民代表就要替人民说话。以前人民代表大会的文件汇编是把代表提案都印出来的。有一年老舍先生的提案是：希望政府解决芝麻酱的供应问题。那一年北京芝麻酱缺货。老舍先生说：“北京人夏天离不开芝麻酱！”不久，北京的油盐店里有芝麻酱卖了，北京人又吃上了香喷喷的麻酱面。

1954年，我调离北京市文联，以后就很少上老舍先生家里去了。听说他有时还提到我。

一九八四年三月三十日

（有删节）

5. 留侯世家（节选）

⊙〔汉〕司马迁

良尝学礼淮阳。东见仓海君。得力士，为铁椎重百二十斤。秦皇帝东游，良与客狙击秦皇帝博浪沙中，误中副车①。秦皇帝大怒，大索天下，求贼甚急，为张良故也。良乃更名姓，亡匿下邳。

良尝间从容步游下邳圯②上，有一老父，衣褐，至良所，直堕其履圯下，顾谓良曰："孺子，下取履！"良愕然，欲殴之。为其老，强忍，下取履。父曰："履我！"良业为取履，因长跪履之。父以足受，笑而去。良殊大惊，随目之。父去里所，复还，曰："孺子可教矣。后五日平明③，与我会此。"良因怪之，跪曰："诺。"五日平明，良往。父已先在，怒曰："与老人期，后，何也？"去，曰："后五日早会。"五日鸡鸣，良

---

① 副车：皇帝出行时的侍从车辆。

② 圯（yí）：桥。

③ 平明：黎明，即天刚亮时。

往。父又先在，复怒曰："后，何也？"去，曰："后五日复早来。"五日，良夜未半往。有顷，父亦来，喜曰："当如是。"出一编书，曰："读此则为王者师矣。后十年兴。十三年孺子见我济北，穀城山下黄石即我矣。"遂去，无他言，不复见。旦日视其书，乃《太公兵法》[①]也。良因异之，常习诵读之。

太史公曰：学者多言无鬼神，然言有物。至如留侯所见老父予书，亦可怪矣。高祖离[②]困者数矣，而留侯常有功力焉，岂可谓非天乎？上曰："夫运筹策帷帐之中，决胜千里外，吾不如子房。"余以为其人计魁梧奇伟，至见其图，状貌如妇人好女[③]。盖孔子曰："以貌取人，失之子羽[④]。"留侯亦云。

译文

张良曾经在淮阳学习礼制。在东方拜见仓海君。他还寻访了一位大力士，为他打制了一个重达一百二十斤的铁锤。秦始皇到东方巡游时，张良和刺客在博浪沙埋伏袭击，误击了秦始皇的一辆随从车辆。秦始皇大怒，在全国大肆搜捕，十分急切地想捉拿凶手，这是张良惹出的事。于是张良改名换姓，逃到下邳躲藏起来了。

曾有一次闲暇时，张良在下邳桥上从容漫步。有一位穿着粗布短衣的老翁，走到张良身边，故意把鞋掉到桥下，回过头来对张良说："小子，下去替我把鞋捡上来！"张良很惊讶，本想揍他，但因为看到他年纪大了，就强忍住

①《太公兵法》：相传为姜太公作的一部兵书。

② 离：通"罹"，遭遇。

③ 好女：美貌女子。

④ 子羽：孔子弟子澹台灭明的字，澹台灭明貌丑却有贤德。

气，下去把鞋捡了上来。老翁又说：“替我穿上鞋！”张良已经为他捡了鞋，又跪下给他穿鞋。老翁伸出脚让他把鞋穿好，然后笑着离去。张良大为吃惊，目光注视着老翁离去。老翁走出去一里多地后，又返回来，说：“你这小子还可以教导。你在五天后的黎明，和我在这里相会。”张良感到很奇怪，跪下说：“是。”五天后的黎明，张良前往桥上。老翁已经先到，他生气地说：“跟老人相约，反而迟到，这是为什么？”于是，老翁离去，说：“五天后早点来相会。”五天后鸡鸣时分，张良就前往。老翁又先到了那里，又生气地说：“你又迟到，为什么？”于是老翁又离去，说：“五天后再早点来。”过了五天，张良没到半夜就去了。过了一会儿，老翁也来了，高兴地说：“应该这样。”他拿出一本书，说：“读了这本书就可以做王侯的老师了。十年后，你便会兴旺发达了。十三年后，你小子到济北来见我，穀城山下的黄石就是我。”于是，老翁离去，没说别的，张良从此再也没有见到过这个老翁。天亮后，张良看那本书，发现原来是《太公兵法》。张良觉得此书非同寻常，就经常研习诵读它。

太史公说：学者大多认为没有鬼神，然而承认有怪物。至于留侯张良遇老人传授给他兵书，也是一桩奇怪事。高祖多次陷入困境，留侯总有智计帮助解脱，难道不可以说是天意吗？高祖皇帝说：“运谋定计于帷帐之中，取得胜利于千里之外，我不如子房。”我原以为留侯是一个身材魁伟、相貌堂堂的人，等到看见他的画像，却像个美貌的女子。孔子说：“用相貌评论人，子羽就要被人看不起。”对于留侯来说这话也是适用的。

单元学习任务

任务一

蓄势，指先写顺势的直线发展，似乎文章要按照这一发展趋势结束，但当顺势发展到关键之处，突然来一个大转折，掀起高潮，以完全出乎意料的方式终篇。蓄势法成功的关键在于：前面的“势”要蓄得足，后面的突转要来得有力而别致。通常可以从描写环境渲染气氛开始，接着写两三件事从情节上正面铺垫，产生锦上添花的效果，或选取两三个坏的情节来反面衬托起到先抑后扬的作用。后再详细叙述最能表现人物品质的主要事件，用一个公式来表达更直观：环境描写 + 情节铺垫（锦上添花或先抑后扬）+ 主要事件。

请阅读《住在鞋匠家里的男人》和《梅兰芳（节选）》，说说这两篇文章是如何完成蓄势的，结合一段典型的蓄势文字说说蓄势法对刻画人物起到了怎样的作用。

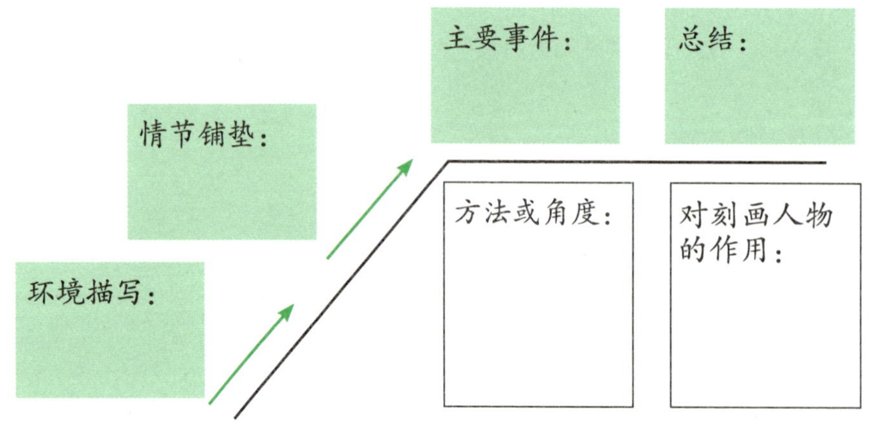

任务二

同样一个事件，不同的人站在不同的角度看就会有不同的观点。面对好的素材，即使是文学大家也需要有一个深入分析、反复提炼的过程。《老舍先生》和《留侯世家（节选）》两篇文章的作者都撷取了人物的几个生活片段来突出人物特征，请先梳理汪曾祺和司马迁笔下的小事件和大精神，再说说你学会了哪些技巧，又得到了哪些启示。

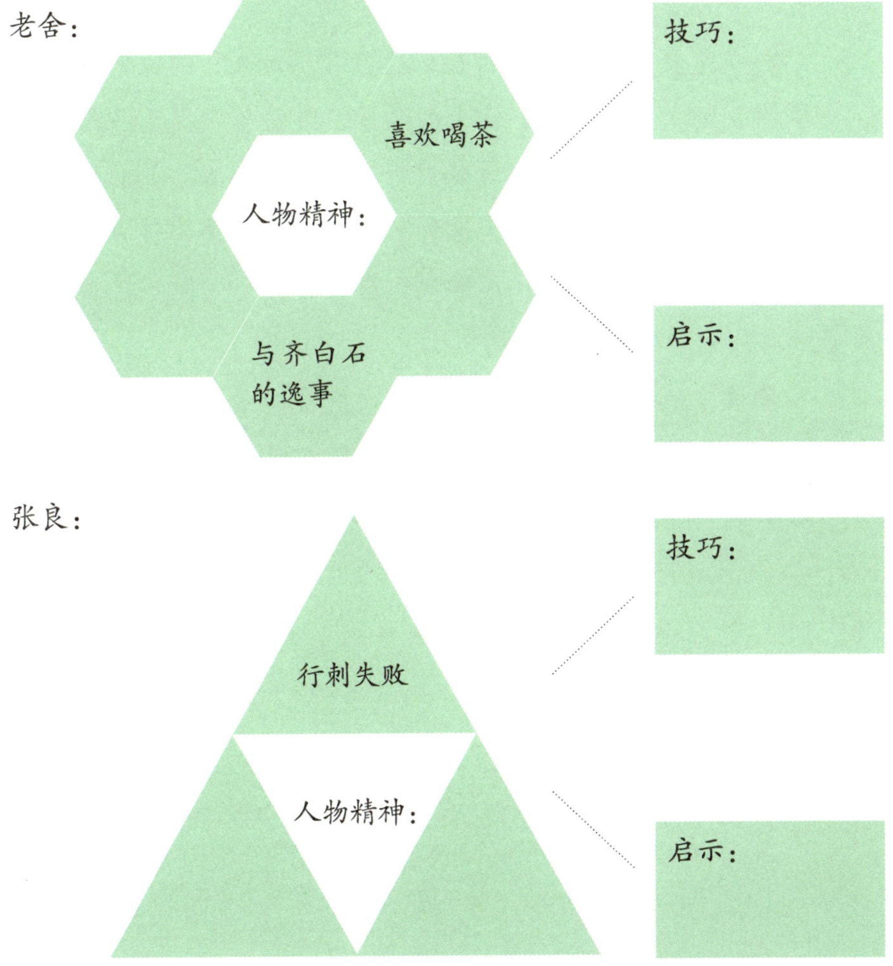

科技之星

科学是什么？科学是对知识的追求、对未知的探索、对世界的改变。科学像一个巨大的磁场，吸引着一代又一代的科学家不断追寻，他们经历着挫折，忍受着心酸，他们“衣带渐宽终不悔，为伊消得人憔悴”，这就是科学的魅力。袁隆平、吴健雄、丁肇中、华罗庚、居里夫人……无不在用自己的奋斗推动着科学的发展。

阅读本单元的文章，要感受科学发现的艰辛，领略科学家的坚守与乐观精神。还要关注引用传主自己的话还原传主本色生活与精神光辉的写法，体会传记文学内容真实的特点。

1. 秋天的喜讯

⊙纪红建

一

“嘎吱——”

袁隆平院士急不可待地迈出自家小院的门。

翠绿的禾苗，在风中齐刷刷弯腰点头，仿佛在向这位“稻田老兵”鞠躬行礼。

半个月前，袁隆平在长沙马坡岭这个幽静的院内过了九十岁生日。他年事已高，已不能频繁奔走在全国各地的杂交水稻基地。省农科院便在袁隆平住宅旁开发一块试验田，让他拉开窗帘就可以看到禾苗，走上几米就能与它们亲密接触。

袁隆平紧走几步，蹲下身子，轻轻地抚摸着禾苗。禾苗像调皮的孩子，在他的怀抱中嬉笑。

“袁老师，您慢着点呀！”湖南杂交水稻研究中心退休科干部李超英匆匆走出小铁门，焦急地叫道。

“您别这么性急，走快了要气喘了。”湖南杂交水稻研究中心研究员辛业芸也紧随其后。

“小李、小辛，没事的，我现在是正宗的‘90后’啦！”袁隆平一回头，笑着说，“小李，去挑一个壮实的稻禾。”

李超英双手娴熟地将一株稻禾一合拢，挑出一枝剑叶又长又壮的穗子，小心翼翼地拔出来。

“这个穗子大！”袁隆平拿着穗子，左看右看，又摸又闻，爱不释手。

这片青葱翠绿、还在孕穗期的水稻，可不是普通的晚稻，而是近几年由袁隆平和他的团队开发研究并取得基本成功的第三代杂交水稻。袁隆平是个急性子，不论是早稻还是晚稻，只要水稻一打苞，他就迫不及待地数一数，以预测产量。这一习惯保持了五十多年。

回到客厅，剥开剑叶，取出苞子，辛业芸、李超英和袁隆平的老伴邓则，分头数起来。袁隆平从桌子上拿起记录本和笔，等待她们报数。

“三百一十九粒。”辛业芸第一个报数。“三百五十一粒。”李超英第二个。“二百二十七粒。”老伴邓则最后一个。

袁隆平一笔一画写好后，说：“再数两遍。”

第二遍，第三遍，都没有更改数字。

“袁老师，拿手机来统计吧！”辛业芸说。

“手机屏幕太小，怕算错，还是拿计算器稳妥些。”袁隆平说着，随手从桌子上拿过一台计算器来。

“八百九十七粒！”一阵噼里啪啦后，袁隆平兴奋地喊起来。

辛业芸凑了过来，有点怀疑地问：“袁老师，您没算错吧！”

“我们再数一次，再算一次。”袁隆平也慎重起来。

又是一阵噼里啪啦，还是八百九十七粒。

袁隆平在记录本上的数字后郑重写上：“记录人：袁隆平，2019年8月23日中午12点15分。”

这是袁隆平连续第三天数孕穗期的第三代杂交晚稻穗子，抽穗期和灌浆期他还会不断数。冬天，湖南没有水稻，他就跑到海南基地数。五十多年来，这一习惯，从未间断。

随后，袁隆平又算起来，他要根据这三天的平均数，来预测试验田里的第三代杂交晚稻的亩产量。8月21日数了一穗有六百六十七粒，8月22日数了一穗有六百五十四粒，加上今天的八百九十七粒，三天平均七百三十九粒。袁隆平非常保守地按百分之八十五的结实率，算出一穗稻谷的重量，然后乘以一亩田的稻穗数和估计的粒重，得出亩产量。

“亩产可达一千零六十七公斤，第三代杂交水稻大有可为。”袁隆平望着窗外的试验田说。

这是今年立秋以来的一个喜讯。

早在1964年，袁隆平就提出，通过培育雄性不育系、雄性不育保持系和雄性不育恢复系的三系法体系来培育杂交水稻，可以大幅度提高水稻产量。1973年，三系配套成功。三系法优点是不育系不育性稳定，但也有缺点：配组的时候受到恢保关系的制约，因此选择优良稻组合的概率比较低，难度大。此乃第一代杂交水稻。

袁隆平继续培育研究。1995年，两系法杂交稻通过多年的努力开始在生产上应用，它的主要优点是不育系配组自由，能选择到优良稻组合的概率比较高。但也不十全十美：光温敏不育系受气候和光照影响较大，使制种存在风险。此乃第二代杂交水稻。

其实不论第一代还是第二代，都已是世界奇迹。然而，袁隆平不服老，更不满足。

“要是有一种杂交水稻，既兼具第一代和第二代的优点，又能克服二者的缺点，那该多好啊！”袁隆平想。

2011年，袁隆平领衔启动第三代杂交水稻育种技术的研究与利用，并成功研发出以遗传工程不育系为遗传工具的杂交水稻育种技术。利用该技术获得的不育系，克服了前两代的缺点，又兼具前两代的优点。

目前，第三代杂交水稻研究基本成功。当然，基本成功并不代表完成任务与使命，要真正形成产品，全面推向市场，走向高产，还有一个较长的过程。

袁隆平的科研之路，不光有“知识、汗水、机遇、灵感”，更有敢于创新的前瞻性思维。“我们的团队已经开始研究第四代C4型杂交水稻了，这种杂交水稻具有光合效率高的优势，预计2022年C4型水稻可基本研究成功。”“还有第五代，那是一系法杂交水稻，通过无融合生殖固定杂种一代的杂种优势，我们团队的最新研究进展，已经通过基因编辑技术在杂交稻中引入无融合生殖特性。”袁隆平年岁已高，但他作为一名国际农业战略家的本色没有褪。

二

年过天命的张玉烛，是杂交水稻专家。2017年冬的一天上午，张玉烛拿着一份拟向省里呈报的“关于申报‘三一’工程”的报告，直奔三楼袁隆平办公室。

张玉烛对这个报告较为满意，甚至有几分得意。在这个报告中，他提出杂交水稻要优质也要绿色，优质需要通过品种改良，绿色需要改进栽培技术。报告中还提到如何利用剔除水稻中重金属镉的新技术，敲除亲本中的含镉或者吸镉的基因等。

唯一让张玉烛忐忑的是，他在这个报告中把高档优质稻产量指标降到亩产一千一百公斤。

“三一”粮食高产科技工程是袁隆平提出的，即在南方高产区，研究并推广应用以超级稻为主体的粮食周年高产模式及其配套栽培技术，达到周年亩产粮食一千二百公斤，实现“三分田养活一个人”的产量目标（亩产一千二百公斤即每三分田产粮三百六十公斤，国家粮食安全指标即每人每年需粮食三百六十公斤）。

袁隆平拿起报告认真看起来，张玉烛不安地坐在沙发上。

最开始，袁隆平脸上还有点阳光，但慢慢地，变得乌云密布了。“我不同意！”说着，袁隆平把报告往边上“啪”地一甩，掷地有声。

张玉烛赶紧站起来，手心直冒汗。

“我非常赞同你的杂交水稻要安全环保，讲品质，这是我们历来的立场与做法。”袁隆平站起来说，“但你要以牺牲产量为代价，我坚决不同意。”

“袁老师，我们考虑到高档优质稻栽培的难度大，所以就把产量标准降低了。”张玉烛弱弱地说。

“对于一个科学工作者来说，产量和质量呈对抗性吗？”袁隆平问。

张玉烛轻轻地摇头。

“这就对了嘛。妥协，就有违科研工作者不断创新、勇攀高峰的精神。现在人民生活水平提高了，也吃得饱了，我们也一直在调整战略，既要高产又要优质，但绝对不能以牺牲产量为代价。”

这时，张玉烛的一个同事正好进来向袁隆平汇报工作。

“袁老师，虽然高档优质稻产量低一点，但它的价值高呀，一千一百公斤的高档优质稻比一千二百公斤的普通杂交稻的效益还要高呢。”张玉烛的同事解释说。

“钱多有什么用？过去没饭吃的时候，两个金元宝买不到一个馒头。钱必须在有粮食的时候，才有价值。”袁隆平语重心长地说，“我不是杞人忧天，我们始终要绷紧这根弦，吃饭始终是中国人的第一件大事，把饭碗牢牢端在自己手中的主要途径是提高水稻单位面积产量。”

袁隆平跟张玉烛谈起自己的人生体会。抗战期间，从一个城市到另一个城市，年少的他虽不识生计之苦，可每每看到头顶日本侵略者的飞机，看到沿路举家逃难、面如菜色的中国人，看到饥饿、灾荒和满目疮痍的国土，他的内心深处总会泛起一阵阵痛楚。后来，回想起逃难路上见到的血肉模糊的尸体，他的心总会为之一紧。报考大学时，他对父母说："我要学农。"母亲听了，吓一跳："学农多苦啊，你以为好玩儿呢？"可他认为，吃饭是天下第一大事，不学农，人类怎么生存？最后，父母尊重了他的选择。参加工作后，为了提高粮食产量，他尝试过西红柿嫁接马铃薯，却没有成功；想过研究小麦、红薯，但感觉前途渺茫。最终，他决心研究能让大家填饱肚子的水稻，认定水稻杂交是提高产量的重要途径……

"我在年轻时做过一个好梦，梦见我们的杂交水稻，长得跟高粱一样高，穗子像扫把那么长，籽粒像花生米那么大，我和我的助手就坐在稻穗下面乘凉……"

张玉烛被老师的教诲打动。他也记不清，这是他第多少次，眼里噙满泪水，向可亲可敬的老师致敬了。

2016年8月，袁隆平受邀来到青岛，给这里的科技创新出谋划策。袁隆平去考察的，都是海边，大片大片的滩涂。看着那一望无际的滩涂，巨大面积的荒地，袁隆平心里不平静了。

"这么大片土地荒在这里，可惜呀！"袁隆平手一挥，说，"走，到地里看看去。"他不顾高龄，迈开步子就往滩涂地的深处走去。

袁隆平走一段，便蹲下查看土质。他还安排随行人员收集好泥土样本，好回去做进一步细致的化验与研究。他知道，盐碱地被称为农田的“绝症”，与作物几近不能共存，所以往往寸草不生。但如果能够克服困难，在这里种植水稻，不仅能够增收粮食，还能修复生态，一举两得。

站在海滩上，迎着海风，袁隆平又在心里打起算盘来：全国像这样的海边滩涂和盐碱地，大概有十五亿亩，这其中有两亿亩是具备可灌溉水源的。如其中有一亿亩用来种植耐盐碱水稻，亩产按三百公斤计算，一亿亩就可产三百亿公斤稻谷，意味着可以多养活八千万左右的人口。

两个月后，袁隆平再来青岛，与青岛方面签订合作协议，并向世界宣布：“我有信心在青岛试种耐盐碱水稻（海水稻）成功，并且有信心亩产超过三百公斤。”

信心归信心，但要突破何其艰难。培育耐盐碱水稻在国外已有七十多年的历史，印度、菲律宾等国育成了一批常规品种。这些品种普遍耐盐能力差，产量低，无法产生效益，没有效益就难以推广。袁隆平把这一重任交给了学生李新奇，并嘱咐他：必须达到亩产三百公斤才会有利润，也才有推广的价值，再难，也要把耐盐碱水稻培育出来！

李新奇和同事们一头扎进水稻田，通过水稻“杂种优势利用”及基因聚合等技术，试种一批又一批海水稻品种。但让他们失望的是，不是稻苗枯萎，就是到了成熟期不结实。时间紧、难度大，耐盐碱能力不够，产量达不到理想目标，面对海水倒灌的生存能力弱……难题接踵而来。

但再难，也阻止不了他们前进的步伐。他们迅速调整状态，从失败中吸取教训、总结经验，起早贪黑，不浪费一丁点时间；为提高耐盐碱能力和产量，他们紧紧围绕“杂种优势利用”下功夫，不厌其烦地研究与实践……

两年后的秋天，试验田传来喜讯：“海水稻”品种的试种亩产超过三百公斤，甚至有的小面积折合亩产超过六百公斤。

面对初步成绩，袁隆平很欣喜，但他知道，虽然在含盐量达百分之零点六以上的盐碱地试种亩产超过三百公斤，甚至有的试验田超过六百公斤，但毕竟这只是小面积试验。若要在上百万亩甚至上千万亩地大面积种植，保证在不同的环境和气候中，甚至是粗犷型管理的条件下，亩产达到或超过三百公斤，育种及栽培技术仍需进一步巩固提升。

在袁隆平凝望的目光中，吉林、江苏、广东、海南等地的海边滩涂和盐碱地纷纷建起一片片绿色的希望田野。亿亩荒滩变粮仓正一步步走向现实！

三

十多年前，彭玉林还是湖南杂交水稻研究中心的一名临时工，帮着时任中心副主任的马国辉做点事。当时，他只想边打工边读书，考个湖南农大自考本科文凭，压根就不敢想以后要成为杂交水稻科研人员。彭玉林一天到晚扎在试验田里，草帽也不戴，晒得黝黑，却把马国辉研究的那块水稻田打理得井井有条，禾苗郁郁葱葱。

这一切，都被天天来试验田里观察的袁隆平看在眼里。他不光重点关注马国辉试验田里的新品种，也在悄悄观察着田里的这个小伙子。“小彭，你马上到田埂上去，袁老师有几个问题要问你。”那天中午，正弯腰在田里干活的彭玉林接到马国辉打来的电话。

彭玉林抬头一看，袁隆平正站在田埂上向他微笑着招手呢。他十分激动，快步跑向袁隆平。

双脚沾满泥巴，彭玉林老老实实站在田埂上，等待着袁隆平的提问。

“小伙子，禾苗长得不错呀！”袁隆平微笑着问，“分蘖到多少了？”

“多的有十三四枝苗，少的也有八九枝，平均有十一枝的样子。”彭玉林说。

“不错，不错。”袁隆平说，“这几天一定要保证有充足的水源，否则会影响禾苗分蘖，导致减产。”

渐渐地，两人熟络起来。

又一天，两人漫步在试验田田埂上。他们的谈话内容，不再只限于杂交水稻了，还会谈到家庭、生活以及人生。

“小彭哪儿毕业的呀？”袁隆平问。

“袁老师，我是1999年从安江农校毕业的，算起来，您还是我的老师呢。”彭玉林笑着说。

“那还真不假，我在那里待了十九年！”袁隆平说，“不知学校那几棵大樟树还在不在？”

“袁老师，我前不久还回了趟学校，那几棵大樟树正枝繁叶茂呢！”彭玉林说。

再后来，袁隆平直接把彭玉林“挖”到了自己的试验田里。彭玉林有志于投身杂交水稻研究，但他的自考本科文凭不符合报考中心工作的条件，袁隆平鼓励他攻读研究生。研究生毕业后，袁隆平又为他的工作操心。工作稳定了，彭玉林也成家了，家就安在中心，袁隆平还三天两头地问他，家里有什么困难没有，每每此时，彭玉林内心总像是被春日的阳光抚慰着，暖暖的。

彭玉林只是袁隆平的学生中普通的一位，袁隆平的学生早已遍布全球五大洲。他说，搞杂交水稻，不光要养活中国人，还要造福全人类。

从20世纪80年代至今，袁隆平积极支持开办杂交水稻技术国际培训班，为八十多个发展中国家培训了一万多名杂交水稻技术人才，帮助其他国家发展杂交水稻。目前，杂交水稻已在印度、越南、菲律宾、孟加拉国、巴基斯坦、印度尼西亚、美国、巴西等地实现大面积种植。

如今，“一带一路”沿线的马达加斯加也正在中国政府的支持下，大力推广杂交水稻。2017年，马达加斯加官员来长沙拜访袁隆平时，表达了他们的感激之情："中国杂交水稻在马达加斯加的种植面积越来越大，人民正逐步摆脱饥饿。为了表达感激之情，马达加斯加特意选杂交水稻作新版货币图案。"

"让杂交水稻覆盖全球！"这是袁隆平心中的另一个梦。

（选自《人民日报》）

禾下乘凉梦　一稻一人生

2019年9月29日，在新中国成立70周年前夕，党和国家以最高规格向8位在中国特色社会主义建设和保卫国家中做出巨大贡献、建立卓越功勋的杰出人士颁授共和国勋章。被称为"杂交水稻之父"的袁隆平就是其中的一位。

颁奖词这样描述袁隆平：他一生致力于杂交水稻技术的研究、应用与推广，发明"三系法"籼型杂交水稻，成功研究出"两系法"杂交水稻，创建了超级杂交稻技术体系，为我国粮食安全、农业科学发展和世界粮食供给做出杰出贡献。

2. 物理女杰——吴健雄[①]

⊙叶永烈

1956年，在美国，一位体态娇小的中年华人妇女，每周都要从哥伦比亚大学到华盛顿去一次。匆匆而去，匆匆而归。

她的肩上有两副重担：

她是家庭主妇。丈夫袁家骝出国了，她必须照料9岁的孩子——她与他结婚多年，一直处于忙碌之中，在她35岁时，才决定生一个孩子，唯一的孩子。

她又是科学家。她正领导着几位科学家进行一项重要的实验。实验要在超低温下进行。哥伦比亚大学没有这样的设备。她四处打听，得知华盛顿有超低温设备，便赶往那里一次次做实验。

她所进行的实验，是至关重要的。

当时，在美国哥伦比亚大学和普林斯顿大学任教的李政道博

① 吴健雄（1912—1997），美籍中国女物理学家，生于江苏太仓。1934年获中央大学（今南京大学）物理系学士学位。1940年获美国加州大学伯克利分校物理学博士学位。1957年以超低温实验验证了弱相互作用下的宇称不守恒。曾任美国物理学会会长，曾被聘为中国科学院外籍院士。

士和杨振宁博士提出“宇称守恒定律”是不存在的，而弱相互作用中存在“宇称不守恒定律”。

吴健雄要用精密、细致的实验，来证实李、杨两位博士的新创见。

实验物理学家与理论学家携手并进。她把放射性钴-60放在强力磁场中进行冷处理，观察到电子运动的方向与原子核旋转的方向相反，这就以无可辩驳的事实证明了“宇称不守恒定律”。

1957年，当李政道和杨振宁荣获诺贝尔物理学奖时，吴健雄也同时为世界科学英豪所瞩目。

她名为“健雄”，实乃纤纤女子。1912年5月31日，她出生在江苏太仓，最初名叫“薇薇”。父亲吴仲裔是一位中学教师。他给她取名“薇薇”，是希望她将来像开紫花、风餐露宿于田野的豌豆那样坚强，不做温室里的花朵。

她果真如同父亲所期望的那样，从小便学海扬帆，乘风破浪，一往无前。当她在江苏省立第二女子师范学校读书时，就是一名文理兼优的学生：国文老师曾在她的作文上批了“眼高于顶，笔大如椽”八个字，称赞她的立意和文笔，而她的数理化成绩也名列前茅。

1934年，当吴健雄从国立中央大学毕业时，该校“第七届毕业生名册”上印着她的毕业考试成绩——总平均为86.3分，在全校30个系的470名毕业生中首屈一指！

辛勤的耕耘，必定赢得丰硕的果实。她在1956年对物理学所做出的重大贡献，名垂青史，也正是她多年来刻苦求学的结果。

吴健雄在谈及她的成长史时，总要提及她最敬爱的人——父亲吴仲裔。她深刻地说："父亲教我做人要为'大我'，而非为'小我'。"她正是毕生为"大我"而奋斗，所以她有着永不枯竭的搏击的前进动力。

她是一个兢兢业业、惜时如金的人。她全身心扑在科学之上。正因为这样，她在物理学上屡建奇勋，成为当代一位"物理女杰"：她是美国科学院院士，曾有12所大学授予她名誉物理学博士学位。1962年，她当选为当年美国"杰出女性"。1973年，她成为美国物理学会第一位女会长，该会会员之中有40多位是诺贝尔奖奖金获得者！1975年，美国总统福特授予她美国国家科学勋章。

1982年，吴健雄从哥伦比亚大学退休，但仍担任该校名誉教授，常常去学校参加工作。可谓"退而不休"。她说："我从不去想自己的年龄，而且我常和年轻学生在一起。"

她非常关心青年一代。她说："中国学生要多动手，知识面不要太狭窄，这不论对自己、对国家都有好处。"

她有着美满的家庭。她的丈夫袁家骝教授是袁世凯的孙子。他出身于那样的豪门，却一心刻苦求学。他是她的同行。他曾说："家庭生活，在我们家是属第二位的。做起实验来，有时几个星期都不见一面。"

3. 我要用中文

⊙蒋光宇

丁观海是丁肇中的父亲，1934年毕业于当时的国立山东大学中文系，后到美国密歇根大学学习土木工程。王隽英是丁肇中的母亲，当年也在美国留学。他们身在海外，心系祖国，一心想把丁肇中生在中国。但是因为早产这个意外，丁肇中成了地地道道的美国公民。

在20世纪70年代之前，物理学界一直认为物质的最小结构是由三种夸克组成，但是丁肇中却不相信只有三种。他通过长期艰苦的探索，终于找到了组成物质的第四种最小结构。因为中文的“丁”与英文的“J”很相像，所以丁肇中便把这个发现的粒子命名为“J粒子”。

1976年10月18日，丁肇中因此获得了诺贝尔物理学奖，当时他只有40岁。

美国总统福特在发给丁肇中的贺电中说：“基本知识的重大进展，能够导致科学上更进一步的突破，进而造福人类。”

科学没有国界，科学家有祖国。丁肇中是位科学家，更是一位热爱祖国的人。在这非常激动和幸福的时刻，他做出一个极其庄重而神圣的决定，通知瑞典皇家科学院：“我要用中文在颁奖典礼上发言。”

瑞典皇家科学院积极、友好地表示欢迎。同时，瑞典皇家科学院又不无担心地问：“谁做翻译？”

丁肇中答：“我自己做翻译。”

这一消息见报之后引起了强烈反响，深深感动了不同国家、不同肤色和使用不同语言的人们，他们发自内心地感叹：“丁肇中是要将荣誉献给自己的祖国。”

可是，美国驻瑞典大使找到丁肇中，非常不满地说：“你用中文是不对的。”

丁肇中十分珍惜美中两国人民的友谊，也期盼美中两国关系不断改善，但面对指责，他毫不留情地顶了回去：“你管不着这个，我愿意用什么文字就用什么文字。”

就这样，这位美国驻瑞典大使碰了一鼻子灰。他大概永远也不会理解：丁肇中这个出生在美国的公民，为什么会有一颗永远不变的中国心？

有人说，祖国是父亲的土地，语言是母亲的舌头；也有人说，语言是历史的档案。在那次颁奖典礼上，丁肇中在致辞时又创下了一个世界纪录：他使这个金色大厅里回荡起有史以来从未使用过的一种语言——中文。

最近，中央电视台的一位节目主持人采访时问丁肇中：“您当时选择中文的目的是什么？”

丁肇中答：“就是因为在颁奖典礼上从来没有出现过中文。中文是世界上最重要的语言之一。”

主持人问：“但是您在用中文做演讲的时候，应该说绝大多数的人、现场的人，都是听不懂的？”

丁肇中答：“那与我没关系。因为它是全球广播。”

主持人为了进一步验证和确认自己的判断，又问：“您希望更多的中国人，或者说中文的人能够听得懂？”

丁肇中只答了一个字：“对。”

“我要用中文。”这使人感到，爱国主义是千百年来巩固起来的对自己祖国最深厚的感情。

“我要用中文。”这使人感到，履行热爱祖国的天职是一种最纯洁、最温柔、最敏锐、最强烈、最高尚和最值得敬重的行为。

4. 杂货铺里读“天书”

⊙李景文

失学使华罗庚感到莫大的痛苦，他一下子很难适应这样一个现实，也不愿意把这冷冷清清的小店作为自己一生的归宿。但身为父亲的华老祥并不理解儿子的苦衷，他把小店的生意交给了华罗庚之后，自己到小茶馆里一坐就是半天，喝喝茶，聊聊天，以了残生。

“怎么办呢？”华罗庚常常问自己，“我不能让一个‘穷’字断送了自己的一生！没有老师、没有学校，难道就不能学习吗？我要付出比别人多得多的努力，靠自学来掌握数学知识。”经过无数次的思索之后，华罗庚给自己找出了一条艰难而又曲折的路来。他靠一本《大代数》、一本《解析几何》、一本 50 页的《微积分》以及两本用零花钱购来的《学艺》与《科学》杂志，开始了自学生涯。

每天天不亮，华罗庚就早早起了床，摊开书本，认真研读起来。“乾生泰”对面“晋阳布店”店主回忆说：“罗罗经常坐在他那间屋子的方桌旁，目不斜视地阅读书籍，还不停地秉笔涂写，河内船只往来嘈杂之声，他都充耳不闻。看起来好像患有痴呆病一样。”“乾生泰”对面隔着河有一家豆腐店，豆腐店的主人每天早起磨豆腐时，发现华罗庚小屋里的灯早已亮了。

白天，华罗庚在店铺里忙生意，为顾客们拿着一卷卷灯草、一根根针、一支支香烟。客人一走，他就埋头看书或演算。没有纸张时，他就用包棉花的废纸算题。姐姐莲青心疼地说：“尽管是冬天，罗庚依然在柜台上看他的数学书。清水鼻涕流下时，他用左手在鼻子上一抹，往旁边一甩，没有甩掉，就一直挂着，鼻涕结成了冰还没意识到，右手仍在不停地写，不停地算。”

夜幕降临了，华罗庚关好店门，胡乱吃几口饭，又把自己关进那间小木板房里，常常为了一道题或一个公式而熬到深更半夜。枯燥、难懂的数学书籍带给他的却是无尽的乐趣。

由于如痴如醉地迷恋上了数学，华罗庚在做生意时就时常出现差错，有时所答非所问，有时拿错了顾客所要的东西，有时又多找给顾客钱。

有一天，天空飘着鹅毛大雪，一位顾客走进店来，一边抖着身上的雪花，一边问道：“多少钱一支线？”“853729！”正在香烟纸盒上演算题的华罗庚头也不抬地脱口说出了刚刚算出的答案。

“到底多少？”

“853729！”

“怪事！一支棉线怎么值这么多钱？”顾客更为诧异了。

这时，坐在一旁的华老祥连忙过来解释，可顾客已拂袖而去。

华老祥又气又急地训斥道：“怪不得人家叫你呆子，你真是越来越呆了！不好好招呼顾客，成天读那些‘天书’有啥用嘛！”

华罗庚的母亲也苦口婆心地劝他说：“罗罗呀！我们是穿木裙子（指柜台）的命，不是书香门第的斯文人，你还是省些灯油，顾顾吃饭的事吧！”

华罗庚哪里听得进这样的劝阻，依然我行我素。因此，他和父亲之间的争吵也越来越多，矛盾也越来越激化。后来竟然发展到华老祥一见儿子读“天书”、算习题，就上去抢，抢到手后就往火炉里扔，弄得华罗庚把书本东藏西藏，只有父亲不在家时，他才敢放心地把书拿到桌面上来读。华罗庚成名之后，西方有一本数学杂志上曾刊登过这样一幅漫画：父亲手里拿着一根烧火棍，要儿子把数学书扔进火炉子，儿子紧紧抱着几本书，在屋子里团团转。这幅漫画真实地反映了华罗庚当时的困境。

后来，据说有两件事情改变了华老祥的态度，使他对儿子读书的事不再干涉。

一次，华老祥在茶馆喝茶时，突然掉了一颗牙。当地方言读音“牙齿”与“儿子”谐音，这就使十分迷信的华老祥对儿子多了一份忧虑。

“罗罗他妈，我今天突然掉了一颗牙，这可不是个好兆头，莫不是咱家的罗罗会出点啥事？”华老祥满腹狐疑地对老伴说。

“是呀，你成天烧他的书，把孩子吓得胆战心惊的。万一有个三长两短，往后的日子可怎么过呀！”老伴也在责怪他。

“唉，我以后不再烧他的书就是了。”华老祥终于妥协了。

另外一件事发生在收蚕丝的季节。华罗庚随父亲到金坛蚕场盘点蚕茧，替人收购。白天忙乎一天，晚上还要算账。一天晚上，管账人忽然发现有上千元的账对不上，这下可急坏了华老祥。

“上千元哪！别说明天开不了业，就是把整个店铺搭上也赔不起啊！”

“阿爸，我来帮你们算算吧！”

将信将疑的华老祥决定让儿子试试看。

不一会儿，华罗庚便对父亲说：“账是对的，一文不差。你的伙计们算错了。”

“呀，没想到罗罗还是个活算盘呢！往后再碰到这事，还得找你啊！”伙计们在一旁赞叹着。

“看来，‘天书’真没白念！”如释重负的华老祥也美滋滋地说道。

华罗庚的数学才能很快也得到了街坊邻居的赏识，连曾经嘲笑过他的人也不得不改变了看法。有一天，一位喜欢古代数学的街坊走进了华罗庚的小屋，很自信地对华罗庚说：“人们都传说你神机妙算，我想考考你，你可不一定能过关呀！”

说着，他掏出一盒火柴，撒到桌子上，嘴里说道：“三三数之剩二，五五数之剩三，七七数之剩二，问总数为几？”

“总共23根火柴。”华罗庚慢条斯理地回答他。

“啊——真行，你怎么算出来的？”

“三三数之剩二，七七数之剩二，余数均为二。因此，我想这公式很可能是 $3 \times 7+2=23$，用五除之恰余三。所以得数正是23。”

“你看过《孙子算经》？”那人惊奇地问。

“没有。我是用自己的‘直接法’算的。”

“这是《孙子算经》中的一道难题。你能很快算出，真是不简单哪！”从此，那位街坊逢人便夸华罗庚的过人之处。

当然，每前进一步，华罗庚都要付出别人想象不到的代价。他把自学的秘诀归结为“恒”与“钻”。后来，华罗庚在和青年们谈治学方法时，曾语重心长地说道：“古时候，有些人想修道成仙，大致采用两种方法：一个是自己苦修，另一个是吃‘金丹’。后一种方法显然是荒唐的。但前者的苦修精神，却是可为今人在摸索学习方法时采用的。这种苦修精神，说起来就是‘不怕困难，锲而不舍’。自修是一种比较艰苦的学习方法，但它的优点是无论何人、何时、何地都可以采用。只要我们能按部就班，不懈不怠，继之年月，它是可以帮助我们达到科学的光辉顶点的。”

在回忆自己的成长历程时，华罗庚强调的是“埋头苦干”“勤能补拙”。他曾写过这样一首催人上进的诗：

神奇妙算古名词，师承前人沿用之。
神奇化易是坦道，易化神奇不足提。
妙算还从拙中来，愚公智叟两分开。
积久方显愚公智，发白才知智叟呆。
埋头苦干是第一，熟练生出百巧来。
勤能补拙是良训，一分辛苦一分才。

5. 跨越百年的美丽

⊙梁　衡

1998年是居里夫人和她的丈夫发现放射性元素镭一百周年。

一百年前的1898年12月26日，法国科学院人声鼎沸，一位年轻漂亮、神色庄重又略显疲倦的妇人走上讲台，全场立即肃然无声。她叫玛丽·居里，她今天要和她的丈夫皮埃尔·居里一起在这里宣布一项惊人发现，他们发现了天然放射性元素镭。本来这场报告，她想让丈夫来做，但皮埃尔·居里坚持让她来讲，因为在此之前还没有一个女子登上过法国科学院的讲台。玛丽·居里穿着一袭黑色长裙，白净端庄的脸庞显出坚定又略带淡泊的神情，而那双微微内陷的大眼睛，则让你觉得能看透一切，看透未来。她的报告使全场震惊，物理学进入了一个新时代，而她那美丽庄重的形象也就从此定格在历史上，定格在每个人的心里。

关于放射性的发现，居里夫人并不是第一人，但她是关键的一人。在她之前，1896年1月，德国科学家伦琴发现了X光，这是人工放射性；1896年5月，法国科学家贝克勒尔发现铀盐可以使胶片感光，这是天然放射性。这都还是偶然的发现，居里夫人却立即提出了一个新问题，其他物质有没有放射性？物质世界里是不是还有另一块全新的领域？别人在海滩上捡到一块贝壳，她却要研究一下这贝壳是怎样生、怎样长、怎样冲到海滩上来的，别人摸瓜她寻藤，别人摘叶她问根。是她提出了放射性这个词。两年后，她发现了钋，接着发现了镭，冰山露出了一角。为了提炼纯净的镭，居里夫妇搞到一吨可能含镭的工业废渣。他们在院子里支起了一口锅，一锅一锅地进行冶炼，然后再送到化验室溶解、沉淀、分析。而所谓的化验室是一个废弃的、曾停放解剖用尸体的破棚子。玛丽终日在烟熏火燎中搅拌着锅里的矿渣，她衣裙上、双手上，留下了酸碱的点点烧痕。一天，疲劳至极，玛丽揉着酸痛的后腰，隔着满桌的试管、量杯问皮埃尔："你说这镭会是什么样子？"皮埃尔说："我只是希望它有美丽的颜色。"经过3年又9个月，他们终于从成吨的矿渣中提炼出了0.1克镭。它真的有极美丽的颜色，在幽暗的破木棚里发出略带蓝色的荧光。它还会自动放热，一小时放出的热能融化等重的冰块。

旧木棚里这点美丽的淡蓝色荧光，是用一个美丽女子的生命和信念换来的。这项开辟科学新纪元的伟大发现好像不该落在一个女子头上。千百年来，漂亮就是一个女人的最高荣誉、最大资本，只要有幸得到这一点，其余便不必再求了。莫泊桑在他的名著《项链》中说："女人并无社会等级，也无种族差异；她们的姿色、风度和妩媚就是她们身世和门庭的标志。"居里夫人是属于那一类很漂亮的女子，她的肖像如今挂遍世界各国的科研教学机构，我们仍可看到她昔日的风采。但是她偏偏没有利用这一点资本，她的战胜自我也恰恰就是从这一点开始的。当她还是个小学生时就显示出上天给她的优宠，漂亮的外貌已足以使她讨得周围所有人的喜欢。但她的性格里天生还有一种更可贵的东西，这就是人们经常加于男子汉身上的骨气。她坚定、刚毅，有远大、执着的追求。为了不受漂亮的干扰，她故意把一头金发剪得很短，她对哥哥说："毫无疑问，我们家里的人有天赋，必须使这种天赋由我们中的一个表现出来！"她中学毕业后在城里和乡下当了7年家庭教师，积攒了一点学费便到巴黎来读书。当时大学里女学生很少，这个高额头、蓝眼睛、身材修长的漂亮的异国女子，很快成了人们议论的中心。男学生们为了能更多地看她一眼，或有幸凑上去说几句话，常常挤在教室外的走廊里，她的女友甚至不得不用伞柄赶走这些追慕者。但她对这种热闹不屑一顾，她每天到得最早，坐在前排，给那些追寻的目光一个无情的后脑勺。她身上永远裹着一层冰霜的盔甲，凛然使那些"追星族"不敢靠近。她本来住在姐姐家中，为了求得安静，便一人租了间小阁楼，一天只吃一顿饭，日夜苦读。晚上冷得睡不着，就拉把椅子压在身上，以取得一点感觉上的温暖。这种心无旁骛、悬梁刺股、卧薪尝胆的进取精神，就是一般男子也是很难做到的啊。宋玉说有美女在墙头看他三年而不动心；范仲淹考进士前在一间破庙里读书，晨起煮粥一碗，冷后划作四块，是为一天的口粮。而在地球那一边的法国，一个波兰女子也这样心静，这样执着，这样地耐得苦寒。她以25岁的妙龄，面对追者如潮而不心动。她只要稍微松一下手，回一下头，就会跌回温软的怀抱和赞美的泡沫中，但是她有大志，有大求，她知道只有发现、创造之花才有永开不败的美丽。所以她甘愿让酸碱啃蚀她柔美的双手，让呛人的烟气吹皱她秀美的额头。

本来玛丽·居里完全可以换另外一种活法。她可以在钦羡和礼赞中活个轻松，活个痛快。但是她没有，她知道自己更深一层的价值和更远一些的目标。成语“浅尝辄止”是指人对外部世界的认识，殊不知有多少人对自己也常是浅知辄止，见宠即喜。数年前一位母亲对我说她刚上初中的女儿成绩下降，为什么？答曰：“知道爱美了，上课总用铅笔杆做她的卷卷头。”美对人来说是一种附加，就像格律对诗词也是一种附加。律诗难作，美人难为，做得好惊天动地，做不好就黄花萎地。玛丽·居里让全世界的女子都知道，她们除了“身世”和“门庭”之外，还有更重要的东西。

1852年斯托夫人写了一本《汤姆叔叔的小屋》影响了很多人。后来美国南北战争爆发，林肯说是一个小妇人引发了一场解放黑奴的大革命。比斯托夫人约晚50年，居里夫人发现了镭，也是一个小妇人引发了一场革命，科学革命。它直接导致了后来卢瑟夫对原子结构的探秘，导致了原子时代的到来。更重要的是这项发现的哲学意义。哲学家说事物无时无刻不在变；西方哲人说，人不能两次踏进同一条河流；公元1082年东方哲人苏东坡赤壁望月长叹道："盖将自其变者而观之，则天地曾不能以一瞬；自其不变者而观之，则物与我皆无尽也。"现在，居里夫人证明镭便是这样"不能以一瞬"而存在的物质，它会自己不停地发光、放热、放出射线，能灼伤人的皮肤，能穿透黑纸使胶片感光，能使空气导电，它刹那间是自己又不是自己。哲理就渗透在每个原子的毛孔里。玛丽·居里几乎在完成这项伟大自然发现的同时也完成了对人生意义的发现。她也在不停地变化着，当工作卓有成效的同时，镭射线也在无声地侵蚀着她的肌体。她美丽健康的容貌在悄悄地隐退，她逐渐变得眼花耳鸣，苍白乏力。而皮埃尔不幸早逝，社会对女性的歧视更加重了她生活和思想上的沉重负担。但她什么也不管，只是默默地工作。她从一个漂亮的小姑娘，一个端庄坚毅的女学者，变成科学教科书里的新名词"放射线"，变成物理学的一个新计量单位"居里"，变成一条条科学定理，她变成了科学史上一块永远的里程碑。"自其不变者而观之"，她得到了永恒。"长恨春归无觅处，不知转入此中来"，就像化学的置换反应一样，她的青春美丽换位到了科学教科书里，换位到了人类文化的史册里。

居里夫人的美名从她发现镭那一刻起就流传于世，迄今已经百年，这是她用全部的青春、信念和生命换来的荣誉。她一生共得了10项奖金、16种奖章、107个名誉头衔，特别是两次诺贝尔奖。她本来可以躺在任何一项大奖或任何一个荣誉上尽情地享受，但是她视名利如粪土，她将奖金赠给科研事业和战争中的法国，而将那些奖章送给6岁的小女儿去当玩具。上天给的美形她都不为所累，尘世给的美誉她又怎肯背负在身呢？凭谁论短长，漫将浮名换了精修细研，她一如既往，埋头工作到67岁离开人世，离开了她心爱的实验室。直到她死后40年，她用过的笔记本里，还有射线在不停地释放。爱因斯坦说："在所有的世界著名人物当中，玛丽·居里是唯一没有被盛名宠坏的人。"她实事求是，超形脱俗，知道自己的目标，更知道自己的价值。在一般人要做到这两个自知，排除干扰并终生如一，是很难很难的，但居里夫人做到了。她让我们明白，人有多重价值，是需要多层开发的。有的人止于形，以售其貌；有的人止于勇，而呈其力；有的人止于心，而有其技；有的人达于理，而用其智。诸葛亮戎马一生，气吞曹吴，却不披一甲，不佩一刃。大音希声，大道无形，大智之人，不耽于形，不逐于力，不持于技。他们淡淡地生活，静静地思考，执着地进取，直进到智慧高地，自由地驾驭规律，而永葆一种理性的美丽。

居里夫人就是这样一位挺立在智慧高地的伟人。

（有删改）

学写传记

传记是记述人物生平事迹的作品，一般由别人记叙；自述生平的，称为“自传”。读法国著名作家罗曼·罗兰的《名人传》，我们了解了贝多芬、米开朗琪罗和托尔斯泰三位巨人的生平事迹，并深深为他们的精神所感动；读《美丽的颜色》，我们知道了居里夫人的人性光辉，并对她心生敬意。传记不是生平简介或履历表，那么怎样写传记呢？

阅读本单元的文章，要从古今传记中学习运用典型事例来表现人物典型特点的写法，尝试写一篇小传。

1. 五柳先生传[1]

⊙〔晋〕陶渊明

> 刻意隐去真实姓名，只简单交代"五柳先生"号的由来，这样的开头不同凡响。

> 写传记要从不同角度选取典型事件和细节对传主进行刻画。

先生不知何许人也，亦不详其姓字，宅边有五柳树，因以为号焉。闲静少言，不慕荣利。好读书，不求甚解[2]；每有会意[3]，便欣然忘食。性嗜酒，家贫不能常得。亲旧知其如此，或置酒而招之；造[4]饮辄[5]尽，期在必醉。既醉而退，曾不[6]吝情[7]去留。环堵[8]

---

① 选自《陶渊明集》（人民文学出版社 1983 年版）。

② 不求甚解：这里指读书只求领会要旨，不在一字一句的解释上过分深究。

③ 会意：指对书中的内容有所领会。会，体会、领会。

④ 造：往、到。

⑤ 辄（zhé）：就。

⑥ 曾不：竟不。曾，用在"不"前，加强否定语气。

⑦ 吝情：舍不得。

⑧ 环堵：四周墙壁，形容居室简陋。

萧然[1]，不蔽风日；短褐[2]穿结[3]，箪瓢屡空[4]，晏如[5]也。常著文章自娱，颇示己志。忘怀得失，以此自终。

赞[6]曰：黔娄[7]之妻有言："不戚戚于贫贱，不汲汲[8]于富贵。"其言兹若人之俦[9]乎？衔觞赋诗[10]，以乐其志。无怀氏[11]之民欤？葛天氏之民欤？

结尾仿史家笔法，以赞语明志。写传记，除了记述其主要人生经历外，还可以作简要评论，评点传主的人格魅力。

译文

不知道五柳先生是哪里的人，也不清楚他的姓名和字，他的住宅旁边种着五棵柳树，于是就以"五柳先生"为号。他安闲沉静，很少说话，也不羡慕荣华利禄。他喜欢读书，只求领会要旨，不在一字一句的解释上过分深究；每当

---

① 萧然：空空无物。

② 短褐：用粗麻布做成的短上衣。

③ 穿结：指衣服上有洞和补丁。

④ 箪瓢屡空：形容贫困，难以吃饱。箪，古代盛饭用的圆形竹器。瓢，引水用具。屡空，经常是空的。

⑤ 晏如：安然自若的样子。

⑥ 赞：传记结尾的评论性文字。

⑦ 黔娄：战国时齐国隐士。

⑧ 汲汲：心情急切的样子。

⑨ 俦（chóu）：同类。

⑩ 衔觞（shāng）赋诗：一边喝酒一边作诗。觞，酒杯。

⑪ 无怀氏：跟下句的"葛天氏"都是传说中的上古帝王。据说在那个时代，人民生活安乐，恬淡自足，社会风气淳厚朴实。

对书中的内容有所领会的时候，就会高兴得连饭也忘了吃。他生性喜爱喝酒，但家里贫穷常常喝不到酒。亲戚朋友知道他的这种境况，有时摆了酒席来招待他；他去喝酒就喝个尽兴，一醉方休。他喝醉了就回家，从来不会舍不得离开。简陋的居室里空空荡荡，遮挡不住风雨和烈日。粗布短衣上打满了补丁，盛饭的竹篮和饮水的水瓢里经常是空的，可是他还是安然自得。他常常写文章来自娱自乐，很能表达自己的志趣。他从不把得失放在心上，就这样过完自己的一生。

赞语说：黔娄的妻子曾经说过："不为贫贱而忧虑悲伤，不为富贵而竭力追求。"这话大概说的就是五柳先生这一类人吧？一边喝酒一边作诗，以此抒发自己的心志。他是无怀氏时代的人还是葛天氏时代的人呢？

不为五斗米折腰

东晋诗人陶渊明是名门之后，他的曾祖父是东晋名将陶侃。年轻时的陶渊明本有"大济于苍生"之志，可现实让他壮志难酬。加之他性格耿直，不愿卑躬屈膝、攀附权贵，因而与污浊黑暗的现实社会格格不入。

为了生存，陶渊明曾任江州祭酒等官职。义熙元年（405），陶渊明在朋友的劝说下，出任彭泽县令。有一次，县里派督邮来视察。有人告诉陶渊明说，应当穿戴整齐、恭恭敬敬地去迎接。陶渊明听后长长叹了一口气："我不愿为了小小县令的五斗薪俸，就低声下气去向他们献殷勤。"说完，他就辞掉官职，回家去了。

2. 著者略历

⊙老　舍

舒舍予，字老舍，现年四十岁，面黄无须。生于北平，三岁失怙，可谓无父。志学之年，帝王不存，可谓无君。无父无君，特别孝爱老母，布尔乔亚之仁未能一扫空也。幼读三百千，不求甚解。继学师范，遂奠教书匠之基。及壮，糊口四方，教书为业，甚难发财；每购奖券，以得末彩为荣，示甘于寒贱也。二十七岁，发愤著书，科学哲学无所懂，故写小说，博大家一笑，没什么了不得。三十四岁结婚，今已有一女一男，均狡猾可喜。闲时喜养花，不得其法，每每有叶无花，亦不忍弃。书无所不读，全无所获，并不着急。教书做事，均甚认真，往往吃亏，亦不后悔。如是而已，再活四十年也许能有点出息！

著有：《老张的哲学》《赵子曰》《二马》《小坡的生日》《猫城记》《离婚》《赶集》《牛天赐传》《樱海集》《蛤藻集》《骆驼祥子》《火车集》，皆小说也。当继续再写八本，凑成二十本，可以搁笔矣。散碎文字，随写随扔；偶搜汇成集，如《老舍幽默诗文集》及《老牛破车》，亦不重视之。

3. 著者自叙传略

⊙鲁　迅

我于一八八一年生在浙江省绍兴府城里的一家姓周的家里。父亲是读书的；母亲姓鲁，乡下人，她以自修得到能够看书的学力。听人说，在我幼小时候，家里还有四五十亩水田，并不很愁生计。但到我十三岁时，我家忽而遭了一场很大的变故[①]，几乎什么也没有了；我寄住在一个亲戚家，有时还被称为乞食者。我于是决心回家，而我的父亲又生了重病，约有三年多，死去了。我渐至于连极少的学费也无法可想；我的母亲便给我筹办了一点旅费，教我去寻无须学费的学校去，因为我总不肯学做幕友或商人，——这是我乡衰落了的读书人家子弟所常走的两条路。

其时我是十八岁，便旅行到南京，考入水师学堂[②]了，分在

① 变故：指鲁迅祖父周福清（号介孚）因科场案入狱一事。

② 水师学堂：指江南水师学堂，清政府 1890 年设立的一所海军学校。初分驾驶、管轮两科，不久增添鱼雷科。

机关科[1]。大约过了半年我又走出，改进矿路学堂[2]去学开矿，毕业之后，即被派往日本去留学。但待到在东京的预备学校[3]毕业，我已经决意要学医了，原因之一是因为我确知道了新的医学对于日本的维新[4]有很大的助力。我于是进了仙台（Sendai）医学专门学校，学了两年。这时正值俄日战争[5]，我偶然在电影上看见一个中国人因做侦探而将被斩，因此又觉得在中国还应该先提倡新文艺。我便弃了学籍，再到东京，和几个朋友立了些小计画[6]，但都陆续失败了。我又想往德国去，也失败了。终于，因为我的母亲和几个别的人[7]很希望我有经济上的帮助，我便回到中国来；这时我是二十九岁。

我一回国，就在浙江杭州的两级师范学堂做化学和生理学教员，第二年就走出，到绍兴中学堂去做教务长，第三年又走出，没有地方可去，想在一个书店去做编译员，到底被拒绝了。但革

---

① 机关科：指管轮科，专习管理轮机。

② 矿路学堂：指江南陆师学堂附设的矿务铁路学堂。

③ 东京的预备学校：指东京弘文学院，创办于 1902 年，是日本人嘉纳治五郎为中国留学生开设的补习日语和基础课的学校。

④ 日本的维新：指发生于日本明治年间（1868—1912）的维新运动。在此以前，日本一部分学者曾大量输入和讲授西方医学，宣传西方科学技术，积极主张革新，对日本维新运动的兴起曾起过一定的作用。

⑤ 俄日战争：指日俄战争，发生于 1904 年 2 月至 1905 年 9 月，沙皇俄国同日本之间为争夺在中国东北地区和朝鲜的侵略权益而进行的一次帝国主义战争。

⑥ 小计画：指和许寿裳、周作人等筹办《新生》杂志和译介被压迫民族文学等事。参看《呐喊·自序》《〈域外小说集〉序》等。“计画”现在写作“计划”。

⑦ 几个别的人：指周作人和他的妻子羽太信子等。

命也就发生，绍兴光复后，我做了师范学校的校长。革命政府在南京成立，教育部长招我去做部员，移入北京，一直到现在。[①] 近几年，我还兼做北京大学，师范大学，女子师范大学的国文系讲师。

我在留学时候，只在杂志上登过几篇不好的文章[②]。初做小说是一九一八年，因了我的朋友钱玄同的劝告，做来登在《新青年》上的。这时才用“鲁迅”的笔名（Penname）；也常用别的名字做一点短论。现在汇印成书的只有一本短篇小说集《呐喊》，其余还散在几种杂志上。别的，除翻译不计外，印成的又有一本《中国小说史略》。

一九二五年

---

① 1912 年 1 月中华民国临时政府在南京成立，鲁迅应教育总长蔡元培之约赴教育部任职，曾任临时政府教育部部员等职。

② 指《斯巴达之魂》《说鈤》和收入《坟》中的《人之历史》《科学史教篇》《文化偏至论》《摩罗诗力说》等。

整本书阅读

居里夫人传

⊙〔法国〕玛丽·居里

阅读导航

居里夫人作为杰出的物理学家，有着一般物理学家所没有的社会影响力——她是历史上第一位两次获得诺贝尔奖的女性。

本书分为两个部分，即《居里夫人自传》和《皮埃尔·居里传》。在第一部分，居里夫人用简洁凝练的语言介绍了自己的生平，重点叙述了她发现镭前后的求学、工作、科研、生活等情形。在第二部分，居里夫人以柔和、细腻的情感基调，描述了丈夫皮埃尔·居里在科学探索路上的大公无私和两人婚后举案齐眉的温馨生活。通过居里夫人的回忆，两人的书信、日记，以及他人对皮埃尔·居里的评价等，展现了皮埃尔·居里的崇高精神和人格魅力。

在世界科学史上，居里夫人是一个永垂不朽的名字。居里夫人的成就不仅仅是因她天资聪慧，更是她艰苦追求、专注工作的结果，这是每一个科学工作者所应当学习的。《居里夫人传》一书回顾了这位伟大女性不平凡的一生，展现了她的高贵品质、工作精神和处事态度。

在这本传记中，关于获得诺贝尔奖，居里夫人没有大肆渲染，只是轻描淡写地一笔带过。然而，她写了获奖的烦恼："获奖之后，报纸和杂志对我们大加颂扬，致使我们有好长一段时间没法安心工作，每天都有人登门造访，有的请我们去作报告，有的则向我们约稿。”而在本书第二部分《皮埃尔·居里传》中，居里夫人特别把获奖后的生活提出来，称为“出名的重负”。皮埃尔·居里也曾在给朋友的信件中抱怨：“您要知道我此刻过的是多么荒唐愚蠢的日子……世界各国的记者和摄影师到处跟着我们：他们甚至把我女儿同保姆的谈话都当作新闻在炒作，连我们家的黑白花猫也成为新闻明星了。”与人们的狂热形成鲜明对比的是，在荣誉面前，居里夫妇并没有“以新的姿态出现”，而是一如既往地在实验室工作。

爱因斯坦说：“在所有的世界著名人物当中，玛丽·居里是唯一没有被盛名宠坏的人。”其实，居里夫人不仅不为名所动，对利也毫不在意。在发现镭以后，居里夫妇并没有申请专利，镭被广泛用在医学等领域。居里夫人很想用一克镭来进行科学研究，却买不起。后来，美国妇女界捐款为居里夫人购买了一克珍贵的镭。

很多人做事往往急于求成，没有耐心，不肯沉下心来好好钻研。居里夫人的专注与坚韧，对浮躁的人来说无疑是一剂良药。

精彩选篇

从事研究（节选）

在发现钋的同时，我们还发现从铀沥青矿里分离出来的钡盐中含有另一种未知的元素。我们随即又紧张地工作了几个月，终于分离出来第二种新元素，我们后来才知道它比钋更为重要。一八九八年十二月，我们宣布了这一发现，命名这种新元素为镭。

…………

物理和化学学校并未为我们提供合适的实验场地，但幸运的是校长准许我们使用先前作为解剖教学用房的一间废弃的木棚。木棚顶上有一个很大的玻璃天窗，只不过有多处裂痕，一下雨就会漏水。棚内夏天闷热潮湿，冬天阴冷难忍。虽然可以生炉子取暖，但也只是火炉旁边有那么点热气而已。此外，我们还得自己掏钱购置一切必备的仪器装置；木棚里只有一张破旧的松木桌和几个炉台、汽灯。做化学实验时，常会产生有毒气体，刺鼻呛人，我们不得不把这种实验移到院子里去做，就这样，棚内仍旧有毒气进来。我们就是在如此恶劣的条件之下，拼命地干着。

尽管如此，我们却觉得在这个极其简陋的木棚中，度过了我们一生中最美好最快乐的时光。有时候，实验不能中断，我们便在木棚里随便做点什么当作午餐，充充饥而已。有的时候，我得用一根与我体重不相上下的大铁棒去搅动沸腾着的沥青铀矿。傍晚时分，工作结束时，我已像是散了架似的，连话都懒得说了。还有的时候，我又得研究精密的结晶，进行分离，必须待在灰尘四起的室内。灰尘会影响浓缩镭的程序，难以保存好分离出来的东西，让我苦恼至极。唯一让我觉得满意的是，没有人前来打扰，我们可以安安静静地做我们的实验。实验做得很顺利，眼看令人满意的结果即将出来时，我们会激动不已，说不尽的欢欣鼓舞。但有的时候，干了半天却不见成效，沮丧失望的心情也在困扰着我们。不过，这种情况持续不一会儿，我们就又去考虑新的设想、新的工作了。工作间隙，我俩便在木棚中踱来踱去，一边冷静地思考，讨论正在做的实验，那种喜悦心情也是难以表述的。

…………

几年后，我又提炼出几分克绝对纯净的镭盐，并更加精确地测定出了它的原子量。这之后，我还提炼出了纯金属镭元素本身。不过，一九〇二年仍旧是镭的发现及其性质的正式确定的年份。

…………

但是，自我们的发现公布之日起，我们的知名度日见高涨，以致实验室的宁静被扰乱了，渐渐地，我们的研究工作就受到了干扰。

一九〇三年，我完成了自己的博士论文，并获得了博士学位。这一年的年末，我和皮埃尔以及贝可勒尔因发现放射性和放射性元素而共同获得诺贝尔物理学奖。获奖之后，报纸和杂志对我们大加颂扬，致使我们有好长一段时间没法安心工作，每天都有人登门造访，有的请我们去作报告，有的则向我们约稿。

获得诺贝尔奖是一个很大的殊荣。而且，奖金数额很高，这对我们今后的研究工作大有裨益。美中不足的是，我们已是精疲力竭，两个人往往总有一个体力不支，以致我们都未能在当年前往斯德哥尔摩去领奖和发表演说。一直到一九〇五年，我们才到瑞典首都去的，由皮埃尔做了接受诺贝尔奖的答词。在那里，我们受到瑞典人民的热情欢迎与接待。

我们在极其恶劣的条件下工作，导致身心疲惫，可现在，由于获奖后探访者不断，我们疲于应付，不胜其烦。我们所喜欢的平静的、规律的生活被完全破坏了，工作和生活全都受到了影响。我已经说过，我们必须不受外界的任何干扰，才能继续正常的家庭生活和科学研究工作。前来探访的人虽说是用心很好，却不知这样会给我们造成什么样的后果。

居里家族（节选）

皮埃尔的童年完全是在自己家里度过的。他从未进过学校。他的启蒙老师先是母亲后是父亲和哥哥，而他哥哥自己也没学完高中课程。皮埃尔·居里人虽然聪明，却根本不能很快地适应学校的正规课程。他的脑子爱幻想，受不了学校强加的知识灌输。他感觉跟不上学校的那种教学方法，这往往被人认为他头脑有点迟钝。他自己也认为自己脑子笨，而且还常常这么说。可我却觉得这种说法并不完全正确。我倒是认为他自童年时起，智力便高度地集中在一个特定的事物上，直到获得一个确切的答案为止，无论外界环境如何，他的思路都不可能被打断和改变的。很显然，这种特别的思想可能蕴含着很大的发展前途，但是同样明显的是，对于这一类的智力，公共学校中是没有任何的教育体系为之服务的，其实这类智力不在少数，比乍看起来的要多得多。

对于皮埃尔·居里来说，非常幸运的是，尽管如大家所见，他不可能成为一个优秀学生，但是他父母头脑非常清醒，了解他的这种困难，所以并未强迫自己的孩子入学，否则他的智力发展会大打折扣的。尽管皮埃尔·居里的启蒙教育非常不正规和不完整，但是它也有其好处，用不着对其智力加大压力，从而因条条框框、成见偏见而损伤了智力。皮埃尔·居里因这种极其自由的教育而始终感激和怀念他的父母亲。他在自由中长大，在乡间的远足中增长了对自然科学的兴趣爱好，并从乡下带回一些植物和动物供他父亲做实验用。这种乡间漫步是他或同家人一起或自己独自去的，这大大地有助于在他的心中激起对大自然的热爱，一直到他生命结束，他都保持着这份激情。

能够了解大自然的孩子很少，因为住在城市里再加上传统教育等人为条件的限制的缘故。而皮埃尔·居里能够与大自然亲密接触，这对他的思想观念的培育有着决定性的影响。在父亲的指导下，他学会了观察事物，并能正确地表达出来；他还学会了辨识巴黎附近的动物和植物。在一年的不同季节里，他知道可以在森林里和草原上，在溪流中和沼泽地里，发现什么动物和植物。上述这些地方对他具有一种不断更新的吸引力，那儿生长着奇异独特的植物，还有许许多多的青蛙、北螈、蝾螈、蜻蜓以及其他许多空中和水里的“居民”。他不费吹灰之力就能抓到他感兴趣的东西。他大胆地把一只小动物抓在手里仔细观察研究。后来，我俩结婚以后，在我们一起外出散步时，如果我反对他把一只青蛙抓在手里，他就回答我说：“不，你看它多漂亮呀！”他散步回来也总是要带回几束野花来。

因此，他在自然科学方面的知识长进很快，同时对数学的基础知识也掌握了不少。而文史方面的知识却大大地忽视了，他主要是通过阅读来掌握这方面的知识的。他父亲知识面很广，自己有一间书房，藏有法国及外国许多作家的著作。父亲自己也对文史知识很感兴趣，所以知道如何与儿子们交流沟通。

快十四岁时，在皮埃尔·居里的教育上出现了一个非常可喜的机会，他被委托给一位优秀教师培养。后者教授皮埃尔·居里基础数学和专业数学。这位老师很善于启发学生，对他十分关心，督促他努力学习，他甚至帮他提高拉丁文水平，因为他的拉丁文学得很差劲儿。与此同时，皮埃尔·居里与老师的儿子阿尔贝·巴齐尔结下了友谊。

毫无疑问，这番教育对皮埃尔·居里的智力有很大的影响。它使他的智力在增长，使他的才能在增强，而且使他意识到自己在科学方面的能力。皮埃尔·居里在数学学习上极有天分，这特别是反映在独到的几何概念和对空间的善于思索上。他很快便取得了长足的进步，而他所热衷的这些学习是他的巨大乐趣之一，因此，他对他的这位老师一直心怀感激。他跟我讲过一个情况，证明他自那时起就不满足于单一地遵循一种学习计划，而是偏离计划，进行独立思考：他对刚刚学会的行列式理论非常着迷，便着手画一个类似的图，那是三维图，他试图发现这些“立体行列式”的特征与运用方法。不用说，他小小年纪，掌握的知识又不多，这么做无疑是他力所不能及的，但是，他的这种设想却很有特色，说明他的创新精神在萌芽。

好多年后，一心想着对称问题的他，给自己提出这么个问题：“人们难道就找不出一种普通的方法来解随便一个方程式吗？一切都是一个对称的问题。”他当时尚不了解能够使他接触这个问题的伽罗瓦群的理论。后来他了解了结果，以及五次方程情况下的几何运用。多亏了数学和物理方面的飞速进步，皮埃尔·居里十六岁时获得了理科的业士学位（法国高中毕业会考合格者所取得的学位。有此学位便可直接注册入大学）。自此，对于他来说最艰难的阶段越过了：从今往后，他就可以一心想着在自由选择的科学领域通过个人努力去掌握知识了。

（陈筱卿/译）

阅读规划

一、通读

建议利用一周时间通读本书，了解大意。初读文章时，对于读不懂、不甚理解之处做上标记暂且略过，通读之后，有些问题可前后联系分析。最后，选读印象较深的章节，完成通读卡片。

《居里夫人传》通读卡片

所选章节：________________________________

主要内容：________________________________

____

____

阅读感受：________________________________

____

____

____

二、精读

名人传记是名人生平事迹的记录，其中体现的名人的个性特点和精神风貌，是我们学习和借鉴的榜样，《居里夫人传》亦是如此。在通读全书、了解大意之后，再利用一周时间精读本书。对通读时不理解的地方细读，加以推敲。边读文章边完成精读卡片，做好读书笔记。

《居里夫人传》精读卡片

性格品质	典型事件	细节摘录

交流平台

请同学们把阅读中遇到的问题和精读卡片的内容与组内小伙伴分享，彼此交流讨论，把精彩的内容整理集中，做成班报，供同学们浏览。

提示：1.把你阅读时感受到的居里夫人的品格从不同角度提炼五个以上关键词，并选择其中最值得你学习的一种品格，结合这部传记的具体内容和自己的生活、学习经历谈谈体会，跟同学们分享。

2.《居里夫人传》让你得到了哪些前所未有的启发？写一段一两百字的推荐语，把那些让你深受启发的章节推荐给你的同学、朋友、家人吧。

敬　启

为编好这本书，我们与收入本书的作品（含图片）作者进行了广泛联系，得到了各位作者的大力支持。在此，我们表示衷心的感谢。但是，由于个别作者地址不详，虽经多方努力，仍无法取得联系。敬请各位有著作权的作者尽快与我们联系，以便我们支付稿酬，并致谢忱！

我们还要感谢使用本书的师生们。希望你们在使用本书的过程中，能够及时把意见和建议反馈给我们，对此，我们深表谢意，并将给予一定奖励。让我们携起手来，共同完成本书的建设工作。

联 系 人：梁老师　张老师

联系电话：010-58022100

联系邮箱：ztxx2008@sina.com

网　　址：http://www.ywztxx.com

地　　址：北京市海淀区知春路7号致真大厦A座18层

图书在版编目（CIP）数据

岁月留痕 / 林楚涛主编. — 上海 : 上海教育出版社, 2021.6

ISBN 978-7-5720-0817-7

Ⅰ. ①岁… Ⅱ. ①林… Ⅲ. ①阅读课—初中—教学参考资料 Ⅳ. ①G634.333

中国版本图书馆CIP数据核字（2021）第142048号

责任编辑　李清奇
封面设计　陈丽娟　王艺霖
著作权人　北京华樾教育科技有限公司

岁月留痕

林楚涛　主编

出版发行　上海教育出版社有限公司
官　　网　www.seph.com.cn
地　　址　上海市永福路 123 号
邮　　编　200031
印　　刷　肥城新华印刷有限公司
开　　本　720×1010　1/16　印张 66
字　　数　900千字
版　　次　2021年8月第1版
印　　次　2021年8月第1次印刷
书　　号　ISBN 978-7-5720-0817-7/G·0633
定　　价　268.00元

如发现质量问题，请向本社调换　　电话 021-64377165